JN000737

よくわかる
システム監査の実務解説 第4版

島田 裕次 著
Shimada Yuji

同文舘出版

● 第 4 版 は し が き ●

生成AIをはじめとしてデジタル技術の進展には目覚ましいものがあり，デジタル技術を利活用したDX（デジタルトランスフォーメーション）も企業だけに留まらず行政や学校等においても広く行われている。

システム監査は，ITシステムを対象として行われる監査であることから，このような技術変化に対応して監査を実施することが求められている。システム監査の実施に際しては，そのよりどころとする基準が必要になるが，その基準は，2023年に改訂された経済産業省の「システム監査基準」と「システム管理基準」になる。

ところで，わが国のシステム監査は，1985年の経済産業省（当時通商産業省）「システム監査基準」，1987年の金融情報システムセンター「金融機関等のシステム監査指針」の公表によって本格的に始まった。その後，システム監査基準は，1996年，2004年，2018年と改訂されてきた。システム監査は，内部監査として実施することを前提として発展してきたが，2023年改訂では，ITガバナンスをさらに重視した内容となっており，監査役や監査等委員の関与や公認会計士監査などを意識した基準になっている。

本書は，このような状況変化に対応すべく内容を見直したものであり，生成AIやDXを対象とした監査などについても解説を加えている。また，本書では，システム監査をどのように行えばよいのかについて，実務的な解説を行うことを目的としている。

第1章では，システム監査の意義について，ITガバナンスの説明をしたうえで，公認会計士監査で行われるシステム監査（ITレビュー）との相違点について言及しながら解説する。第2章では，2023年に改訂されたシステム監査基準及びシステム管理基準の改訂に関して詳しく説明している。監査の実施主体による違いについても言及している。第3章では，内部統制の有効性評価におけるIT統制について，2024年4月から適用される実施基準をベースに説明した後，システム監査との相違点を解説する。

第4章から第8章までは，システム監査の推進体制，システム監査の手順，リスクアプローチ，監査手続，CAATsについて解説する。

　第9章では，システムのライフサイクルのプロセス（企画・開発・運用・保守）ごとに監査のポイントを示す。第10章では，アプリケーションシステムごとに監査のポイントを解説する。販売情報システムからコールセンターシステムまで多種多様のアプリケーションシステムを取り上げる。また，第11章では，システム監査で行われるテーマ監査について説明する。様々な切り口からシステム監査の監査項目（例）を示しているので，システム監査を実践する際の参考になると思う。監査項目の全てを説明することは難しいので，重要と考えられるものを示している。各組織体の状況に応じて，適宜見直して利用されたい。

　第12章では，システム監査の新しいテーマとして，AI，IoT，生成AI，DXを対象とした監査を取り上げ，システム監査を実施する場合にどのように考えればよいのかを解説している。第13章では，監査実施側のDXをどのように進めればよいのか，また，監査でのAIの活用可能性や，統合監査の必要性など，今後のシステム監査の方向性を示している。

　付録としてシステム監査手続書（例）を掲載するとともに，第4版では，「システム監査基準」及び「システム管理基準」の全体像を把握しやすくするために，要約版を掲載することにした。一読されることをおすすめする。

　本書の執筆にあたっては，同文舘出版株式会社の大関温子氏から丁寧なご助言やご支援をいただいた。この場を借りお礼を申し上げる。最後に本書が，経営にとって付加価値の高いシステム監査を実施するために微力ながら貢献できれば幸いである。

2024年2月

島田　裕次

よくわかるシステム監査の実務解説（第4版）◎ 目次

第3章　IT統制とシステム監査の概念

第4章　システム監査の推進体制と手順

第5章 システム監査におけるリスクアプローチ

第6章 システム監査の監査手続と技法

第7章　CAATs（コンピュータ利用監査技法）

第8章　監査判断と監査報告

第9章　システムのライフサイクルからみた監査ポイント

第10章　アプリケーションシステムの監査ポイント

第11章　テーマ監査のポイント

■ 第12章　新しい監査テーマ ■

■ 第13章　今後の課題 ■

第1章 システム監査の意義

1 システム監査の必要性

　AI（人工知能），生成AI（Generative AI），IoT（モノのインターネット），DX（デジタルトランスフォーメーション）などが注目を集めており，IT（情報通信技術）の重要性はますます高まっている。また，ITは企業，官公庁，自治体など，あらゆる組織体の活動を行ううえで，不可欠なものになっている。ITの利用は，従来人手で行っていた事務作業を情報システム化することによって，作業時間の短縮，作業品質の向上などを推進することを中心に行われてきたが，現在では，ITを活用して新たなビジネスモデルを構築し，顧客の獲得や利益の増大を図ることに利用されている。一方，ITの導入拡大にともなって，システムの不具合や通信障害などによって業務の停止や遅滞が発生したり，情報漏えいや情報の不適切な利用によって顧客の信頼が失墜したりするリスクが発生している。

　そこで，ITが経営目標（利益目標，売上目標，生産目標，顧客満足度の向上，コンプライアンスの確保など）の達成に貢献しているか，あるいは，貢献するような仕組みやプロセスが構築され有効に機能しているかどうかを検証・評価することが非常に重要になってきている。また，ITの利用にさいして，情報漏えいや重大なシステム障害などが発生して，企業経営，顧客，社会に重大な影響を及ぼすことのないようにITをマネジメントしていくことが求められている。さらに，システム投資や運用経費の増大にともなって，システム投資・運用経費を適切に管理することも経営者の重要な責任になっ

ている。

　このようにITを経営目標の達成に資するように利活用する仕組みやプロセスは，ITガバナンスと呼ばれており，ITガバナンスの確立は，経営者の責務となっている。しかし，経営者自身で，ITガバナンスが適切に構築され，有効に機能しているかどうかを検証・評価し，関係部門を指揮・監督していくことは，時間的な制約や専門知識の不足から現実には難しい。

　これに対応するために，経営者に代わって，ITガバナンスを検証・評価し，ITガバナンスを改善するための提案を行うシステム監査が必要になる。経営者は，システム監査人の監査報告を受けて，関係部門に改善を指示し，その実施状況をさらにシステム監査人を通じてチェックすることによって，経営者の責任を果たすことができる（**図表1-1**参照）。

　システム監査が急速に普及した大きな要因として，2003年の情報セキュリティ監査制度の創設，2005年から全面施行された個人情報保護法や，2008年4月から始まった金融商品取引法による内部統制報告制度があげられる。特に内部統制では，その基本的要素の１つとして，「ITへの対応」（IT統制）が明確に示されたことから，IT統制を評価する専門家が必要になり，この専門家としてシステム監査人が注目されている。また，会社法におけるリス

◎図表1-1　システム監査の役割◎

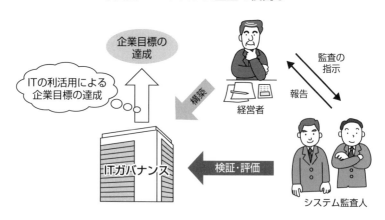

2

ク管理体制の整備（内部統制の整備）が求められたことによって，急速にシステム監査の必要性が高まり，IT統制に対する認知度も高まっている。内部統制の動向と前後して，サイバー攻撃による情報漏えいやシステム統合におけるシステム障害の発生など，情報セキュリティに対する関心が高まり，システム監査の必要性がさらに認識されるようになった。

　この結果，経営者の認識も高まり，システム監査人にとっては，システム監査を進めやすい時代になったといえる。さらに，システム監査を担当したいという希望者やCISA（Certified Information Systems Auditor：公認情報システム監査人）の有資格者も増えている。システム監査人は，企業等の内部監査部門に所属してシステム監査を実施したり，内部統制（IT統制）を評価する専門家として活躍したりしている。また，監査法人に所属して，財務諸表監査のなかのITにかかわる領域（ITレビュー）を担当したり，内部統制監査のうちのIT統制に関する監査を担当したりしている人もいる。このほかに，ITの戦略性や有効性を向上させるためのコンサルタントとして活躍しているシステム監査人もいる。

2　システム監査の役割と目的

（1）システム監査の役割

　経済産業省「システム監査基準」（2023年4月26日，以下同様）では，「システム監査とは，専門性と客観性を備えた監査人が，一定の基準に基づいてITシステムの利活用に係る検証・評価を行い，監査結果の利用者にこれらのガバナンス，マネジメント，コントロールの適切性等に対する保証を与える，又は改善のための助言を行う監査である。

　また，システム監査の目的は，ITシステムに係るリスクに適切に対応しているかどうかについて，監査人が検証・評価し，もって保証や助言を行うことを通じて，組織体の経営活動と業務活動の効果的かつ効率的な遂行，さ

らにはそれらの変革を支援し，組織体の目標達成に寄与すること，及び利害関係者に対する説明責任を果たすことである。」（「システム監査の意義と目的」，下線は筆者）と定義されている。簡単にいえば，システム監査は，ITガバナンスの確立状況を検証・評価することを目的としているといえる。

　システム監査と混同されやすい監査として，情報セキュリティ監査がある。情報セキュリティ監査は，経済産業省「情報セキュリティ監査基準」（2003年）において，「情報セキュリティ監査の目的は，情報セキュリティに係るリスクのマネジメントが効果的に実施されるように，リスクアセスメントに基づく適切なコントロールの整備，運用状況を，情報セキュリティ監査人が独立かつ専門的な立場から検証又は評価して，もって保証を与えあるいは助言を行うことにある」（前文，下線は筆者）と定義されている。システム監査が情報システムに係るリスクを対象にしているのに対して，情報セキュリティ監査では，情報セキュリティに係るリスクを対象としている点が異なる。しかし，システム監査は，従来から情報システムのセキュリティも監査対象としてきたことから，システム監査と情報セキュリティ監査が混同されることが少なくない。

　また，システム監査は，公認会計士が行う財務諸表監査の一環として実施されているITレビューや，内部統制報告制度のなかで行われているIT統制の有効性評価・監査との共通点が少なくないので，こうした概念と混同されることもある。ITレビューやIT統制の有効性評価・監査は，財務報告にかかわる情報システムの処理の信頼性や正確性を検証・評価することを目的とするものであり，幅広い視点から行われるシステム監査の領域の一部をカバーしているだけである。

　情報セキュリティ監査，ITレビュー，IT統制の有効性評価・監査は，外部監査として発展した概念であるのに対して，システム監査は，内部監査として発展してきた概念であることから，このような違いが生まれていると考えられる。システム監査に類似する概念については，後で詳しく説明する。

（2）　IT統制の有効性評価・監査

　内部統制報告制度では，内部統制の有効性を経営者が評価し，評価結果を内部統制報告書として内閣総理大臣に提出することが求められている。また，内部統制報告書は，公認会計士による監査（内部統制監査）を受けなければならない。この制度のなかで，「ITへの対応」（IT統制）が明確に求められるようになり，ITに関する内部統制（IT統制）が整備・運用されているかどうかを経営者が評価することが必要になった。経営者評価では，当然のことながら，経営者が自ら評価することは現実的に難しいので，内部監査部門や内部統制評価部門に評価させることになる。また，IT統制については，会計監査や業務監査の担当者が評価することが難しいので，システム監査人が担当することが多い。

　IT統制の評価では，財務報告（非財務情報を含む）に係る情報システムが対象である点がシステム監査と大きく異なる。また，IT統制の評価では，報告（データ）の信頼性の視点から評価されるのに対して，システム監査では，戦略性，経営にとっての有効性，効率性，可用性，機密性など幅広い視点から監査が行われる点に大きな違いがある。

　さらに，IT統制の評価では，主として社内規程やマニュアルなどへの準拠性が評価される。一方，システム監査では，社内規程やマニュアルが整備され，それに従って業務が実施されており，IT統制に不備がなくても，コントロールの効率向上のための改善提案や顧客視点からみたプロセスの改善などの提案が行われる。

（3）　会社法のリスク管理体制

　会社法が求めている内部統制（リスク管理体制）において，IT統制が明確に示されているわけではない。ITリスクは，企業が抱える多種多様なリスクのうちの1つである。会社法の内部統制の対象は，ITリスクだけではなく，法令，経営理念，行動指針を含めた広義でのコンプライアンスリスク，新規事業への進出や工場などの設備投資といった戦略リスク，各種業務での

処理の誤り，遅延，停止といった業務リスクなど，幅広いリスクを対象としている。会社法が求める内部統制（リスク管理体制）を検証・評価するシステム監査は，本来のシステム監査に近いものになると考えられるが，システム監査の場合には，ITの利活用に重点を置いておりシステム改善，経営改善や業務改善を目的としている点に違いがある。

(4) 保証と助言

　経済産業省「システム監査基準」では，「システム監査とは，専門性と客観性を備えた監査人が，一定の基準に基づいてITシステムの利活用に係る検証・評価を行い，監査結果の利用者にこれらのガバナンス，マネジメント，コントロールの適切性等に対する保証を与える，又は改善のための助言を行う監査である。」（「システム監査の意義と目的」，下線は筆者）と定義されている。保証又は助言を行うことがシステム監査の役割だと説明している（図表1-2参照）。システム監査には，ITガバナンスが一定水準以上にあることを経営者に対して保証すること，あるいはITガバナンスを一定水準に近づけるための助言を行うことが求められている。

　2003年に策定された経済産業省「情報セキュリティ監査基準」でとり入れられた保証型監査と助言型監査の概念を2004年のシステム監査基準改訂でも

◎図表1-2　保証と助言◎

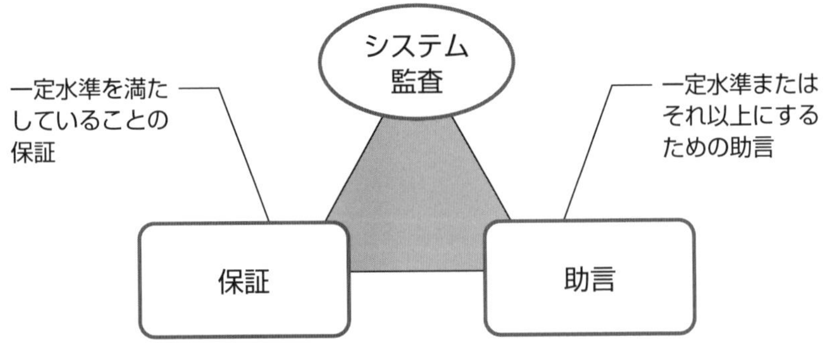

一定水準を満たしていることの保証

システム監査

一定水準またはそれ以上にするための助言

保証

助言

とり入れられたが，2018年の改訂以降，2004年基準で示した保証型監査と助言型監査の用語は用いられていない（但し一部残っている部分がある）。

　助言には，一定水準を満たしているITガバナンスについて，それをさらに向上させるための助言も含まれると解釈すべきだと考えられる。なぜならば，内部監査として実施するシステム監査には，ITガバナンスを改善し，強化する役割を担っているからである。

3　ITガバナンス

（1）ITガバナンスとは

　ISACAは，事業体のITガバナンスについて，「情報と関連技術が，事業体の戦略と目標達成をサポートし，確実に実現できるようにするための，ガバナンスの観点。IT能力が効率的および効果的に提供されるようにするなどの，機能的ガバナンスも含まれる。」（ISACA「COBIT5（日本語版）」p.103）と説明している。ITガバナンスは，簡単にいえば，ITを組織体の目標達成につなげるための仕組みやプロセスのことといえる。つまり，ITを活用して，経営目標（売上，利益，費用，顧客満足度などの目標）の達成につながるような仕組みやプロセスのことであり，例えば，顧客管理システムを構築して売上増大や顧客満足度を向上させて企業目標を達成するようなIT推進体制や，システム案件のチェック体制，ユーザサポート体制などの仕組やプロセスをいう。COBIT2019でのITガバナンスの説明は，「第2章5節（2）COBITの変遷」を参照されたい。

　経済産業省「システム管理基準」では，「ITガバナンスとは，組織体のガバナンスの構成要素で，取締役会等がステークホルダーのニーズに基づき，組織体の価値及び組織体への信頼を向上させるために，組織体におけるITシステムの利活用のあるべき姿を示すIT戦略と方針の策定及びその実現のための活動である。そのためには，データの利活用を含むITシステムの利

活用により組織体の価値を向上させるサービスや製品，プロセスを生み出し，改善する組織体の能力（デジタル活用能力）が必要となる。

また，取締役会等は，ITガバナンスを実践する上で，ITシステムの利活用に係るリスクだけでなく，予算や人材といった資源の配分や，ITシステムの利活用から得られる効果の実現にも十分に留意する必要がある。」（「ITガバナンスの枠組み」の「ITガバナンスの定義」，下線は筆者）なお，取締役会等の活動については，**図表1-3**のように説明している。

2023年システム管理基準では，ITガバナンス編とITマネジメント編に分けて，管理項目を説明しているが，両者の橋渡し役の重要性についても強調している。具体的には，「なお，ITガバナンスを有効に機能させるためには，ITマネジメントとITガバナンスの橋渡し役が必要であり，ISO/IEC TS38501（ITガバナンス：実装ガイド）においてはガバナンス運営グループ（Governance Steering Group）の設置を定めている。当該グループは，取締役会等によって任命されたCIO等のマネジメントの責任者とメンバーから

◎図表1-3　ITガバナンスにおける取締役会等の活動◎

取締役会等の活動	活動の内容
ステークホルダーへの対応 （Engage Stakeholders）	組織体のITシステムの利活用に関連するステークホルダーを特定し，協議し，そのニーズを明確にして対応すること
評価（Evaluate）	組織体におけるITシステムの利活用についての現在と将来のあるべき姿を比較分析し，ITマネジメントに期待する効果と必要な資源，想定されるリスク等を評価し，判断すること
指示（Direct）	IT戦略と方針を実現するために必要な責任と資源等を組織体内へ割り当て，期待する効果（ITパフォーマンスの期待値を含む）を示し，その実現と想定されるリスクへの対処を指示し，ITマネジメントの実践を指示すること
モニタ（Monitor）	ITシステムの利活用について，IT戦略で設定した目標をどの程度満たしているか，IT方針を遵守しているか，ITパフォーマンスをどの程度達成しているか，また想定したリスクの発現状況及び対処状況について，適切な仕組を通じて，ITパフォーマンスの情報を収集し，確認すること

構成されるが，小規模な組織体では個人になることもある。そして，組織体のITガバナンスを効果的に推進する管理活動及び組織における変革プログラム活動の進捗の管理に責任を持ち，取締役会等による評価，指示及びモニタのために必要な関連情報を収集・調整し，適時に提供する機能を担う」(「「基準」が想定する組織体の体制」，下線は筆者)と説明している。

(2) ITガバナンスとITマネジメントの関係

　ITガバナンスに関連する概念として，ITマネジメントがある。両者の違いについて，システム管理基準では，「…，経営者は，取締役会等が設定したITガバナンスの方針と戦略に基づいて目標を達成する実行責任と取締役会等に対する説明責任を負っている。そこで，経営者は，経営方針及びITガバナンス方針に基づいて策定したIT戦略の各目標を達成するために，ITシステムの利活用に関するコントロールを実行し，その結果としてのパフォーマンス，コスト管理，リスク管理，コンプライアンス管理，社会的責任と持続性等の状況を経営者に報告するための体制を整備・運用することが必要となる。

　IT戦略の策定及び取締役会等から経営者に対して指示する事項については，ITガバナンス編に記載しており，ITマネジメント編では，これらに基づいてITシステムの利活用に関する統制を実行するための達成目標と管理活動の例を記載している。」(「ITマネジメントの枠組み」の「ITガバナンス編とITマネジメント編との関係」，下線は筆者)と説明している。

　しかし，この定義では，ITガバナンスとコーポレートガバナンスの関係を必ずしも十分に説明することができない。コーポレートガバナンスでは，ステークホルダがどのように企業をガバナンスするかということが重要になる。そこで，ITガバナンスは，ITのステークホルダの存在を重視して，組織体の外部に対して情報システムの情報を提供する仕組みやプロセスと考えることができる。

　ITガバナンスに関連する諸概念の関係は，**図表1-4**のように整理すること

◎図表1-4　ITガバナンスに関連する概念◎

株主価値の増大 ◆ コンプライアンスの確保

経済的利益の創出 ↑ ↑ ◆ITを通じた価値増大
◆IT利用における
　コンプライアンス確保
↑ 社会的利益

システム監査はこれをチェック！

ITガバナンス

内部統制

コーポレートガバナンス

ができる。

4 内部監査におけるシステム監査

(1) 多様なテーマで行われる内部監査

　内部監査では，公認会計士監査が行う財務諸表監査と異なって，会計監査，業務監査，コンプライアンス監査，個人情報保護監査，環境監査，品質監査，SDGsの監査，サステナビリティの監査など多種多様の監査が行われる。内部監査では，このようにさまざまな監査が行われているが，どのような内部監査を行うのかは当該企業の方針によって異なる。例えば，ISO14001（環境マネジメントシステム）やISO9001（品質マネジメントシステム）の認証を取得している場合には，当該マネジメントシステムで実施される内部監査（マネジメントシステムの内部監査）を，本来の内部監査で行う環境監査や品質監査に代えて実施している場合もある。

(2) 業務監査とシステム監査

　情報システムは，各種業務，会計，コンプライアンス，個人情報保護など
を支援するためのツールあるいは仕組みとなっている。つまり，情報システ
ムは，さまざまな業務の仕組みやプロセスそのものとなっているので，シス
テム監査と他の監査との違いがわかりにくくなっている。例えば，システム
監査を実施している場合には，情報システムと業務プロセスが一体となって
いるので，システム監査人は，業務プロセスも調べなければならない。この
ときに業務プロセスの監査に深く入り込んでしまうと，経営者や監査対象部
門から，システム監査ではなく業務監査を実施しているのではないかと思わ
れてしまう。この反対に，業務プロセスを監査している場合，それを支える
システムの内容に深く入り込みすぎてしまうと，業務監査ではなく，システ
ム監査を実施しているのではないかと思われる。

　企業が業務改革を行う場合に，業務プロセスの改革だけを検討するのでは
なく，ITの利活用を含めて改革を検討するのと同様である。業務改革の推
進では，ITの利活用と合わせて業務を改革することが不可欠であるが，シ
ステム監査の場合にも，業務監査と連携して監査を行うことが重要になる。

(3) 会計監査とシステム監査

　公認会計士監査でも内部統制が重視されるようになり，会計業務のプロセ
スに焦点を当てた監査を実施するようになった。内部監査で行う会計監査で
も，会計業務プロセスに焦点を当てて監査している。会計伝票をチェックし，
適正な会計処理が行われているかどうかを監査するだけではなく，会計処理
が正確に行われる仕組みが整備され運用されているか，会計処理が効率的に
実施されているか，経営に役立つような財務情報が経営者や関係部門に提供
されているか，といった視点から監査を実施する。会計処理の正確性を確保
するためには，システム入力でのデータチェックが必要になり，会計業務の
効率向上や経営に役立つ会計情報の提供では，会計情報システムの活用と密
接に関係する。そこで，会計監査についても，システム監査との関係が深く

なるのである。なお，会計処理そのものの適正性や会計人材の育成などについては，会計監査の範囲と考えればよい。

（4）コンプライアンス監査とシステム監査

ITの企画・開発・運用・保守・利用にさいしては，個人情報保護法，番号法，著作権や特許権などの知的財産権に関する法令（著作権法や特許法など），不正競争防止法，労働者派遣法，e-文書法（民間事業者等が行う書面の保存等における情報通信技術の利用に関する法律）など，さまざまな法令やガイドラインを遵守しなければならない。こうしたITに関連する法令・ガイドラインが遵守されているかどうかを検証・評価することも，システム監査の重要な役割である。

コンプライアンス監査からみれば，ITに関する法令・ガイドラインの遵守は，コンプライアンス監査の対象項目だともいえる。しかし，コンプライアンス監査では，各種業法，景品表示法，労働基準法，労働安全衛生法，道路交通法など，ITに直接かかわらない法令・ガイドラインも対象になっているので，法令という意味では，コンプライアンス監査の方が対象範囲が広くなる。

システム監査では，法令に直接かかわらない（法令の制約がない）システム関連業務や，ソフトウェア，ハードウェア，ネットワーク，データベース，システム要員など，さまざまな情報資源を監査対象としていること，また，戦略性，有効性，効率性，機密性，可用性（利用したいときに利用できること）など，準拠性以外の監査視点で監査が行われることなどの特徴がある。

5 公認会計士監査と内部監査との関係

公認会計士監査においても，システムを監査する。公認会計士法では，「公認会計士は，監査および会計の専門家として，独立した立場において，財務

書類その他の財務に関する情報の信頼性を確保することにより，会社等の公正な事業活動，投資者及び債権者の保護等を図り，もって国民経済の健全な発展に寄与することを使命とする。」（第1条）とされている。つまり，公認会計士監査は，財務諸表の信頼性（正確性）を監査することが目的である。

　財務書類（財務諸表）は，会計情報システムをはじめ，販売情報システム，購買情報システム，物流情報システム，生産管理システム，給与システムなどによって処理された財務情報に基づいて作成される。そこで，財務諸表の正確性を監査するためには，これらのシステム処理の正確性を検証しなければ，監査意見を表明することができない。そこで，財務に関連するシステムの信頼性を評価するITレビューが必要となる。

　また，2008年4月からスタートした内部統制監査において，経営者による「ITへの対応」（IT統制）の有効性評価の内容・結果が適正であるかどうかを監査することになった。IT統制の監査は，財務報告の信頼性を確保するための統制（コントロール）の有効性について，IT全社統制，IT全般統制，IT業務処理統制の視点から監査するものである。財務報告の信頼性を阻害するリスクが適切に洗い出され，その大きさが評価され，リスクの大きさに応じてコントロール（統制）が整備されているか，また，整備されたコントロールが実施されているかどうかを監査する。

　IT統制の内容については，「財務報告に係る内部統制の評価及び監査の基準並びに財務報告に係る内部統制の評価及び監査に関する実施基準の改訂について（意見書）」（企業会計審議会，2023年4月7日），「内部統制報告制度に関するQ&A」（金融庁企画市場局，2023年8月31日改訂），「内部統制報告制度に関する事例集」（金融庁企画市場局，2023年8月改訂）などが公表されている。また，日本公認会計士協会からは，「ITの利用の理解並びにITの利用から生じるリスクの識別及び対応に関する監査人の手続に係るQ&A（実務ガイダンス）」（監査基準報告書315 実務ガイダンス第1号，2022年10月13日改正）が公表されている。さらに，経済産業省からも「システム管理基準 追補版」が公表されている。

財務報告（非財務情報を含む）の信頼性を確保するためのコントロールが整備・運用されているかどうかを監査するのが，内部統制監査におけるIT統制の監査である。公認会計士が行うIT統制の監査では，コントロールの効率向上やコントロールのより一層の強化を指摘・改善提案することを目的としているのではなく，財務報告（非財務情報を含む）の信頼性を阻害するリスク（虚偽記載リスク）が適切に把握され，リスク評価の結果を受けて一定水準（実施基準等で求める水準）以上のコントロールが整備され運用されているかどうかを監査する。したがって，内部監査で行われる業務改善や効率向上などの監査意見は表明しないことになる。この点が内部監査で行われるシステム監査との大きな違いである。

　内部監査との違いを理解するためには，内部監査の目的に立ち返って考えるとよい。公認会計士監査では，エンロン事件などを受けて監査業務（保証業務）とアドバイザリー業務を切り離しており，このような二面性を排除しているのでこうした問題は発生し難い。しかし，内部監査の場合には，保証とコンサルティング（アドバイザリー）の二面性を有しているので，公認会計士監査（外部監査）との違いが生じているといえる。

　なお，IT統制については，第3章で詳述するので，それを参照されたい。

6 監査役監査とシステム監査

　監査役の職責は，公益社団法人日本監査役協会「監査役監査基準」で，次のように定められている。

　「監査役は，取締役会と協働して会社の監督機能の一翼を担い，株主の負託を受けた法定の独立機関として，取締役の職務の執行を監査することにより，良質な企業統治体制を確立する責務を負っている。良質な企業統治体制とは，企業及び企業集団が，様々なステークホルダーの利害に配慮

◎図表1-5　監査役監査と内部監査の違い◎

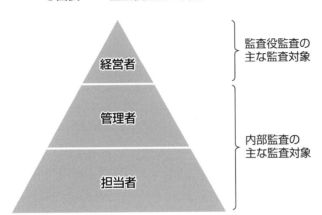

経営者

管理者

担当者

} 監査役監査の
主な監査対象

} 内部監査の
主な監査対象

するとともに，これらステークホルダーとの協働に努め，健全で持続的な
成長と中長期的な企業価値の創出を実現し，社会的信頼に応えることがで
きる体制である。」(第2条第1項，下線は筆者))

　監査役監査においても情報システムが監査対象となるが，内部監査で実施
されるシステム監査とは，目的や内容が異なる(**図表1-5参照**)。会社法では，
「監査役は，取締役(会計参与設置会社にあっては，取締役及び会計参与)
の職務の執行を監査する。この場合において，監査役は，法務省令で定める
ところにより，監査報告を作成しなければならない。」(会社法381条第1項，
下線は筆者)と定められている。したがって，監査役が実施する，あるいは
実施すべきシステム監査は，経営の視点から実施することになる。つまり，
CIO (Chief Information Officer：最高情報責任者) の業務執行状況を監査
したり，CEO (Chief Executive Officer：最高経営責任者) がITガバナンス
を適切に構築・運用しているかどうかを監査したりすることになる。

　監査役監査では，IT投資や運用の戦略性，ITシステムの経営にとっての
有効性，投資対効果など経営の視点から監査を行う。また，ITにかかわる
リスクマネジメントの適切性やコンプライアンスの視点から監査を行う。機
密性，インテグリティ (完全性)，可用性，効率性に関する監査については，

主として管理者層や担当者層が対象になるので，この領域については内部監査人が実施する方が有効である。

　それでは，監査役は，どのような点についてシステム監査を実施すればよいのだろうか。IT部門に所属した経歴や，IT関連業務を経験した監査役は，多くはないのが現状である。そこで，監査役監査は，ITに関する知識を十分にもっていないことを前提にしてシステム監査を実施しなければならない。監査役のシステム監査としての現実的な対応は，IT部門の体制，IT戦略の明確化，経営戦略との整合性，IT投資やITリスクのチェック体制およびプロセスなどを中心に実施することになる。

　このように監査役監査が行うシステム監査には，取締役の執行状況という視点からITを監査する点に特徴があり，内部監査人が行うシステム監査では，取締役の経営判断の適切性までは監査しない点に特徴がある。監査等委員会設置会社で監査等委員会に直属する内部監査部門が行うシステム監査の場合には，監査役監査が行うシステム監査と同じようにIT投資等に関する経営判断の妥当性に踏み込む場合も考えられる。

　システム監査に取り組みたいと考える監査役の最善の方法は，内部監査部門のシステム監査人と連携したり，IT部門の協力を得てシステム監査を実施したりすることである。そのさいには，ITの専門用語の解説などを求めるようにし，妥当性の判断は監査役自身が行うように注意することが大切である。また，内部監査態勢の強化を支援するとよい。

　監査役の役割は，経営者（取締役）が，ITにかかわるリスクを認識し，それに対するコントロールを構築し，企業全体を適切に指導・監督しているかどうかをチェックすることにある。そこで，ITにかかわるリスクを適切に把握する仕組みやプロセスを構築し，経営者としてそのリスクを適切に評価しているかどうかのチェックが重要になる。当然のことながら，内部監査でシステム監査を実施しているかどうかチェックする必要がある。また，システム監査を実施していない企業の監査役は，経営者に対してシステム監査を実施するように指摘すべきである。

第2章

システム監査とシステム監査基準の改訂の歴史

1 システム監査の目的，対象領域などの変遷

　システム監査を正しく理解するためには，システム監査の歴史を理解することが大切である。システム監査は，会計情報システムの進展と関係が深い。電子計算機（コンピュータシステム）は，昭和30年代に導入が始まったが，電子計算機を最初に適用した業務は，会計処理，給与計算，料金計算など，大量の計算を行う業務であった。会計処理への電子計算機の導入にともなって，帳簿簿記あるいは伝票会計で会計処理を行う企業が減少し，電子計算機を使った会計処理を行う企業が急増した。この結果，会計監査を実施するさいには，帳簿を監査するだけでは，不十分であり，帳簿を作成する電子計算機システム，つまり会計情報システムを監査しなければならなくなった。

　会計監査は，外部監査（公認会計士監査）だけではなく，内部監査でも行われるので，公認会計士だけではなく，内部監査人にとっても，会計情報システムを監査する必要性が生じたのである。この結果，公認会計士および内部監査人の双方から，会計情報システムを対象とした監査が注目を集めることになった。現在では，システム監査やIT監査と呼ばれているが，当初は，EDP（Electronic Data Processing）監査やADP（Automatic Data Processing）監査と呼ばれていた。後述するISACAも，当初はEDPAA（EDP Auditors Association：EDP監査人協会）と呼ばれていた。

　財務諸表の正確性を監査するためのシステム監査では，会計データや会計処理の正確性に関心をもたれていたので，データのインテグリティ，プログ

ラムやデータの変更管理，アクセス管理などを中心に監査が行われていた。システム化の初期の段階では，従来手作業で行っていた計算処理や請求書などの帳票作成といった業務がシステム化され，システム化による事務処理の効率化が中心であった。このような段階では，システム化効果の算定は非常に簡単であった。システム化による作業時間の削減が人件費の削減につながっていたからである。筆者の経験でも，省力時間を分析・集計することによって，人件費の削減効果を中心としたシステム化効果を算定することは容易であったし，経営者や組織内に対して比較的説明が行いやすかった。

　このようにシステム監査の初期の段階では，正確性に重点をおいたシステム監査が行われており，システム化目的も省力化が中心であったことから，システム監査でのシステム化効果の検証も比較的容易だったといえる。

　システム監査の対象範囲を考えても，当時はメインフレームによる集中処理が行われ，それを管理する部門はIT部門だけであった。アウトソーシングも現在のように普及・拡大しておらず，社内ＳＥが多くおり，作業場所もメインフレームの開発環境を利用できる定められた場所だけであった。当然のことながら，システム監査の対象部門は，IT部門が中心となっていた。現在のようにオープン化が進み，Webシステムが当たり前となり，アウトソーシングが広く行われ，クラウドサービスが利用される環境とはまったく異なっていたのである。

　しかし，現在のシステム監査では，IT部門のほかにユーザ部門や委託店・特約店・アウトソース先なども含めて幅広く監査対象としなければならなくなっている。開発環境も自社内というよりも社外を前提にして直接あるいは間接的な方法で監査を行わなければならなくなっている。ERP（Enterprise Resource Planning：統合業務）パッケージのようなパッケージソフトを利用したシステム構築や，ローコード／ノーコード開発，オープンソースソフトを利用したシステム構築が行われ，開発手法も多様化しているので，システム監査人にも，さまざまな手法で監査を行うことが求められている。

　Webシステムでは，不特定多数の一般顧客や取引先がシステムを利用す

るので，システム監査人にとってシステムの機能や操作性に関するユーザの声を直接聞くことが難しくなっている。また，サーバ，OS，ミドルウェア，DBMSなどを自社で調達せずにクラウドサービスベンダーの提供するサービスを利用したり，アプリケーションシステムも含めてサービスを利用することも増えている。クラウドサービスでは，情報サービスの利用が中心なので，システム化の要件定義やシステム機能改善などの対応状況を直接監査することが，難しい。

　さらに，システム化目的もシステム化の当初の目的であった省力化ではなく，経営管理や業務管理の品質向上，顧客サービスの向上，新しいビジネスの創造へと変化している。作業工数の削減によるシステム化効果が○億円というような算出方法では，現状に対応できない。新しいビジネスモデルの創出のためにITを利用することも少なくないが，こうした場合のシステム化効果算定の適切性を検証・評価することもシステム監査人に求められている。つまり，正確性だけではなく，システムの戦略性，ビジネスにとっての有効性，効率性の視点もシステム監査で重要な監査視点になっているのである。また，インターネット，スマートフォン，クラウドサービスの一般化にともなって，コンピュータウィルス，情報漏えいといったセキュリティの問題も見過ごせなくなっている。こうした視点もシステム監査に必要である。

　このようにシステム監査は，IT化の進展にともなって，監査の目的，監査対象範囲などが拡大し，複雑化してきたといえる。

2 システム監査基準にみる変遷

　システム監査の変遷をシステム監査基準からみてみよう。わが国では，1985年に経済産業省（当時通商産業省）がシステム監査基準を策定・公表した。その後，1996年，2004年および2018年に改訂されている。

　システム監査基準では，策定時から2004年の改訂まで，システムの安全性，

信頼性および効率性を検証・評価することがシステム監査の目的であった。システムの戦略性やビジネスにとっての有効性などは，システム監査の目的として明文化されていなかった。システム監査基準が1985年に公表された当時の通商産業省の説明会では，有効性は効率性のなかに含まれていると説明されていた。

　システム監査の目的に大きな変化があらわれたのは，システム監査基準が策定されてから20年近く経過した2004年の改訂であった。それまでシステム監査の目的とされてきたシステムの安全性，信頼性および効率性の検証・評価から，ITガバナンスの確立・運用状況の検証・評価へと大きく変化した。2004年のシステム監査基準では，「システム監査の目的は，組織体の情報システムにまつわるリスクに対するコントロールがリスクアセスメントに基づいて適切に整備・運用されているかを，独立かつ専門的な立場のシステム監査人が検証又は評価することによって，保証を与えあるいは助言を行い，もってITガバナンスの実現に寄与することにある」（下線は筆者）とされ，ITガバナンスを検証・評価することがシステム監査の目的となった。ITガバナンスは，ITをビジネス目標（企業目標）の達成に寄与するようにITを活用する仕組みやプロセスのことといえるが，2004年改訂によって，システム監査のビジネス（経営）との関係が明確にされたのである。

　1996年改訂のときには「情報戦略」が監査基準の項目として明確にされビジネスとの関係が重視されたが，ITガバナンスという言葉が使われたのは，2004年改訂のときがはじめてである。

　システム監査基準にまつわる大きな変化は，海外の動向，つまり，ISACAやITGI（IT Governance Institute：ITガバナンス協会）のCOBITへの対応を考慮した点だと考えられる。それまで，海外の動きについては，あまり考慮されていなかったと思われる。2004年改訂基準では，その解説書のなかで，COBITとのマッピング（関係を表した図表）をとり入れ，日本独自の基準というよりも，海外で広く利用されている基準（COBIT）との関係づけを行って，国際的にも通用する基準であることを強調したのだと考え

られる。

　2018年改訂のポイントは，次のように説明されている。

　「従来のシステム管理基準においても，「ITガバナンス」の概念や業務継続計画について定めていましたが，その公開後，「ITガバナンス」についてのJISQ38500や業務継続についてのJISQ22301等の国際規格が成立したため，これらの国際規格との整合性をとるとともに，米国におけるITガバナンスの規格であり，国際的に影響力を有するCOBIT等の内容を踏まえた見直しを行いました。

　従来のシステム管理基準では，企画，開発，運用及び保守という概念を前提としたウォーターフォール型のシステム開発を前提としていましたが，短期間での反復した開発を行うアジャイル型のシステム開発における取扱いについても管理策として含め，また，クラウドの利用等を念頭に置いた，整理等の見直しを行いました。

　従来のシステム監査基準及びシステム管理基準は，項目の詳細についての説明がなく，運用において，各項目の内容を解説した資料を参照することが必要となっていたため，今回の見直しにより，システム監査基準には「主旨」及び「解釈指針」を，システム管理基準には「主旨」及び「着眼点」を併せて記載することにより，基準の記載内容に基づく運用が行いやすくなるよう見直しを行いました。また，システム監査基準において，実務への適用を踏まえて監査実施の流れに沿った構成の見直しを行いました。」（http://www.meti.go.jp/policy/netsecurity/sys-kansa/h30kaitei.html，下線は筆者）

　このように，システム監査基準は，当初，システムの有効性を考慮していたとはいえ，システムの安全性や信頼性，つまり，セキュリティを重視した監査目的となっていた。基準の改訂にともない，戦略性や有効性を重視した監査目的へ変化したといえる。別の見方をすれば，経営やビジネスの視点の重視へと変化したといえる。

3 システム監査基準の2023年改訂

3.1 改訂の背景と特徴

(1) 背景

　2023年改訂では，コーポレートガバナンス・コード，サイバーセキュリティへの対応，ITガバナンスの重要性増大への対応などを行った。また，国際的な内部監査人の団体であるIIA（内部監査人協会）の基準の考え方を取り入れるとともに，監査役などがシステム監査を実施することも考慮した内容になっている。システム管理基準については，ISOなどの動向を受けて国際的な動向を取り入れた内容に改訂している。さらに，システム監査基準およびシステム管理基準の改訂に関わった関連団体が，システム管理基準を理解しやすくするために，「統制項目」，「統制活動の例」，「リスク」について解説することを目的として，「システム監査基準ガイドライン」および「システム管理基準ガイドライン」を新たに公表している。

　2023年システム管理基準の前文では，2023年改訂について，「本監査基準は，昭和60年（1985年）1月に策定され，その後，平成8年（1996年）1月，平成16年（2004年）10月，平成30年4月（2018年）に改訂がされてきたが，その後もシステム監査を巡るIT環境の継続的な変化や，システム監査に対するニーズの多様化がみられたことから，それらを踏まえて基準の構成や内容を見直すこととした。」と説明している。

　また，「具体的な環境変化やニーズの多様化とは，AIの発展とDXの普及，サイバー攻撃の高度化・複雑化等による新たなリスクの発生，システム・マネジメントの基となるガバナンスの重要性増加，いわゆるスリー・ラインズ・モデル等でいわれる各種のモニタリング活動とシステム監査の連携の重要性増加，システム監査における品質管理等の有効性への期待の高まり，アジャイル型監査の普及等監査方法の多様化等である。」と説明し，「更に言えば，

組織体の目的・目標の達成のために，カメラやセンサー，集音器等からの情報が産業システムに送られ，さらにそのデータが情報システムであるAIに送られ，AIがそのデータを分析するといった産業システムと情報システムの連携・協働といったテクノロジーの利活用も行われてきている。」として，デジタル社会の進展にともなって環境変化や多様化が進んだので，それに対応した見直しを行ったとしている。

(2) 特徴

　2023年システム監査基準には，コーポレートガバナンスコードの策定などコーポレートガバナンスへの対応，IIA（内部監査人協会）への対応などが考慮されたことから，システム監査基準の読み方が難しくなったといえる。

　1985年システム監査基準の策定当時，システム監査の実施主体が内部監査部門を想定しており，その後も内部監査部門がシステム監査の実施主体になっていた。2023年システム監査基準におけるシステム監査の実施主体は，内部監査部門のほかに，監査役や外部監査人（公認会計士，監査法人）が含まれている。

　2023年システム監査基準では，前文の「監査人と取締役会等，経営者との関係」において，「本監査基準において，監査人とは，独立にして客観的な立場から情報システムに係る保証や助言の活動を行う者を指し，ガバナンスの一翼を担う会社法上の監査役（会）等とその補助使用人，内部監査人，組織体からの依頼により監査を行う組織体の外部の第三者が含まれる。

　監査役（会）等は，法令の定めるところにより株主からの委任により，取締役の業務執行に対する監査の一環としてシステムに係る監査を行う。したがって，ガバナンスに対する監査を実施することになる。

　内部監査人や外部監査人は，取締役会等（取締役会，理事会等）や経営者からの委託により，ITシステムに係る監査を実施し，その結果を報告することによりガバナンス，マネジメント，コントロールに役立つ監査を行うことになる。なお，取締役会等からの指示や監査役（会）等からの依頼により

内部監査人や外部監査人がガバナンスに対する監査を行うこともあり得る。」
（下線は筆者）と説明している。

(3) システム監査基準の適用に際しての注意点

　システム監査基準を適用する場合には，システム監査の実施主体の立ち位置を理解することが前提になる（**図表2-1参照**）。例えば，内部監査人は，「内部監査の使命は，リスク・ベースで客観的な，アシュアランス，助言および洞察を提供することにより，<u>組織体の価値を高め，保全すること</u>である。」（IIA「内部監査の使命」https://www.theiia.org/en/standards/mission-of-internal-audit/。下線は筆者）に従って，経営改善や業務改善，あるいはシステム改善につながるようなシステム監査を実施する必要がある。

　公認会計士や監査法人の場合には，「公認会計士は，監査及び会計の専門家として，独立した立場において，<u>財務書類その他の財務に関する情報の信頼性を確保</u>することにより，会社等の公正な事業活動，投資者及び債権者の保護等を図り，もつて国民経済の健全な発展に寄与することを使命とする。」（公認会計士法第 1 条，下線は筆者））と定められているので，財務情報の信頼性の視点からシステム監査を実施することになる。

　監査役の場合には，「監査役は，<u>取締役（会計参与設置会社にあっては，取締役及び会計参与）の職務の執行を監査</u>する。（以下省略）」（会社法第381条，下線は筆者）で監査役の権限が定められているので，これに従ってシステム監査を実施することになる。

　なお，監査等委員については，「監査等委員会は，全ての監査等委員で組織する。

2　監査等委員は，取締役でなければならない。

3　監査等委員会は，次に掲げる職務を行う。

　一　取締役（会計参与設置会社にあっては，取締役及び会計参与）の職務の執行の監査及び監査報告の作成

　（以下省略）」（会社法第399条の 2，下線は筆者）と，監査等委員会の権限

◎図表2-1　システム監査基準の読み方◎

- システム監査は，監査対象領域で分類した監査の１つである。（システム監査，会計監査，業務監査，コンプライアンス監査）
- 監査の実施主体の視点から整理すると，内部監査，公認会計士監査，監査役監査等に区分できる。

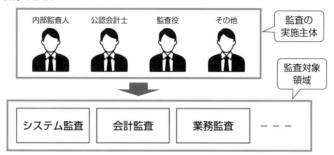

等が定められているので，これに従ってシステム監査を実施することになる。

　以上のように多様な立場の監査人がシステム監査を実施することに言及しながら，システム監査基準が策定されている。したがって，システム監査基準を読む場合には，自分がどの監査実施主体なのかに注意する必要がある。

3.2 システム監査基準の概要

　システム監査基準は，次のような構成になっている（図表2-2参照）。システム監査基準の前半部分（前文から監査人の倫理まで）は，9ページにわたって述べられており，後半の「システム監査の基準部分」が，24ページであるのに比較して，ページ数が多く割かれている。また，このほかに，用語集が追加されている点に特徴がある。

　なお，付録として『「システム監査基準」の「システム監査の基準」の概要』と，『「システム管理基準」の概要（前文を除く。管理項目のみ）』を本書巻末に掲載している両基準のポイントを把握するための参考として利用していただきたい。

　ここでは，各項目について概説する。

◎図表2-2　システム監査基準の構成◎

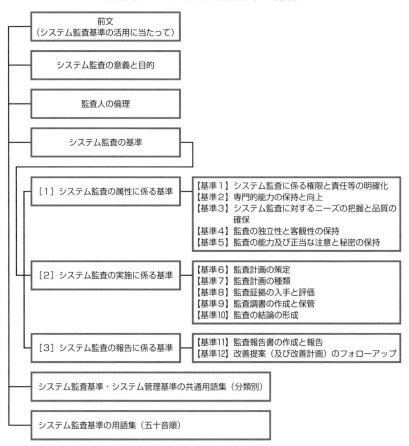

(1) 前文（システム監査基準の活用に当たって）

「システム監査基準の意義と適用上の留意事項」，「システム監査上の判断尺度」，「本監査基準改訂の背景と主要な改訂内容」，「監査人と取締役会等，経営者との関係」，「本監査基準への適合」について説明されている。システム監査基準の冒頭で，「システム監査とは，監査人が，一定の基準に基づいてITシステムの利活用に係る検証・評価を行い，ガバナンスやマネジメント等について，一定の保証や改善のための助言を行うものであり，システム

の信頼性等を確保し，企業等に対する信用を高める重要な取組である。」（下
線は筆者）と説明した後に，改めて，システム監査の意義と目的について説
明している。

　ここで注意すべき点は，「システムの信頼性等」の解釈である。システム
監査は，信頼性だけを検証・評価するものではないからであり，内部監査で
実施するシステム監査の場合には，情報システムの有効性（システム化目的
の達成状況），効率性，セキュリティ，コンプライアンスなど幅広い視点か
ら監査を行う必要がある。

　また，2018年システム監査基準では，「点検・評価・検証」とされていたが，
2023年システム監査基準では，「点検」が削除されている。

(2) システム監査の意義と目的

　システム監査の意義と目的については，次のように説明している。「シス
テム監査とは，専門性と客観性を備えた監査人が，一定の基準に基づいて
ITシステムの利活用に係る検証・評価を行い，監査結果の利用者にこれら
のガバナンス，マネジメント，コントロールの適切性等に対する保証を与え
る，又は改善のための助言を行う監査である。

　また，システム監査の目的は，ITシステムに係るリスクに適切に対応し
ているかどうかについて，監査人が検証・評価し，もって保証や助言を行う
ことを通じて，組織体の経営活動と業務活動の効果的かつ効率的な遂行，さ
らにはそれらの変革を支援し，組織体の目標達成に寄与すること，及び利害
関係者に対する説明責任を果たすことである。」（下線は筆者）

　この説明でわかりにくいのは，「監査結果の利用者」である。前文では，
利用者について「評価結果を利用する者又はグループ」と説明しているが，
システム監査の依頼者である取締役会等や経営者のことと読み替えるとわか
りやすい。

（3）監査人の倫理

「ITの進展をはじめ，監査の対象となるシステムを巡る環境変化が激しいこともあり，監査の方法の選択や監査結果の判断に関して，種々の価値観の中で適切な意思決定をするためには，監査人の倫理が重要である。加えて，IT利活用の高度化により，システム監査においても機密性の高い情報に触れる機会が増加しており，倫理に関して社会的な要請が高まっていることを意識しなければならない。」（下線は筆者）と説明した後に，誠実性，客観性，監査人としての能力及び正当な注意，秘密の保持という4つの原則を示している。

倫理の重要性や倫理原則の説明はあるが，倫理について定義されていない点に特徴がある。監査人の倫理とは，「監査人として守るべき道」だと考えるとわかりやすい。

システム監査人には，特定非営利活動法人日本システム監査人協会の会員，CISA（公認情報システム監査人）の有資格者，CIA（公認内部監査人），IIA（内部監査人協会）の会員，公認会計士などさまざまな専門家団体の会員や専門資格を有している者がいる。これらに該当する場合には，所属する団体等が策定している倫理規程を遵守する必要がある。

なお，ここで定める4つの原則は，IIAの「倫理綱要」を参照したものであることから，システム監査基準の倫理は，内部監査の色彩が強いといえる。

（4）システム監査の基準

システム監査基準の中核となるのが，「システム監査の基準」である。「システム監査の基準」は，「システム監査の属性に係る基準」，「システム監査の実施に係る基準」，「システム監査の報告に係る基準」で構成されている。システム監査の基準は，1985年基準〜2004年基準までの「一般基準」に該当するものである。また，2018年基準の「システム監査の体制整備に係る基準」と「システム監査人の独立性・客観性及び慎重な姿勢に係る基準」に該当する。

システム監査基準で定められていることは，監査に共通していえることで

あるが，監査人の倫理を独立させて，「前文」および「システム監査の意義と目的」と「システム監査の基準」の間に配置したことによって，重複した部分を整理している。また，システム監査に関する用語を理解する際に役立つ用語集が追記されたことも改訂のポイントといえる。

◎図表2-3　システム監査基準の新旧比較◎

2018年基準	2023年基準
前文（システム監査基準の活用にあたって）	前文（システム監査基準の活用に当たって） システム監査の意義と目的 **監査人の倫理**
	システム監査の基準
Ⅰ．システム監査の体制整備に係る基準 【基準１】システム監査人の権限と責任等の明確化 【基準２】監査能力の保持と向上 【基準３】システム監査に対するニーズの把握と品質の確保	［1］システム監査の**属性**に係る基準 【基準１】システム監査に係る権限と責任等の明確化 【基準２】専門的能力の保持と向上 【基準３】システム監査に対するニーズの把握と品質の確保
Ⅱ．システム監査人の独立性・客観性及び慎重な姿勢に係る基準 【基準４】システム監査人としての独立性と客観性の保持 **【基準５】慎重な姿勢と倫理の保持**	【基準４】監査の独立性と客観性の保持 **【基準５】監査の能力及び正当な注意と秘密の保持**
Ⅲ．システム監査計画策定に係る基準 【基準６】監査計画策定の全般的留意事項 **【基準７】リスクの評価に基づく**監査計画の策定	［2］システム監査の実施に係る基準 【基準６】監査計画の策定 【基準７】監査計画の種類
Ⅳ．システム監査実施に係る基準 【基準８】監査証拠の入手と評価 【基準９】監査調書の作成と保管 【基準10】監査の結論の形成	 【基準８】監査証拠の入手と評価 【基準９】監査調書の作成と保管 【基準10】監査の結論の形成
Ⅴ．システム監査報告とフォローアップに係る基準 【基準11】監査報告書の作成と提出 【基準12】改善提案のフォローアップ	［3］システム監査の報告に係る基準 【基準11】監査報告書の作成と報告 【基準12】改善提案（及び改善計画）のフォローアップ
	システム監査基準・システム管理基準の共通用語集（分類別） **システム監査基準の用語集（五十音順）**

出所：経済産業省「システム監査基準」を筆者が整理して作成した（太字下線は筆者）。

具体的な変更点については，2018年基準と対比させるとよくわかる（**図表 2-3参照**）。図表2-3の太字下線で示した部分が主な違いである。これを見ると，今回改訂の特徴がわかりやすい。

4　システム管理基準の2023年改訂

4.1　システム管理基準の改訂のポイント

　システム管理基準の改訂のポイントは，2018年基準でも取り上げられていたITガバナンスをさらに独立させて，ITガバナンス編とITマネジメント編に整理したことである。

　また，「情報システム」という用語を「ITシステム」に変更している。情報システムだと，いわゆるアプリケーションシステムに限定されているととらえられてしまうかもしれないということから，データ，情報，IT基盤などを含めて幅広い意味があることを示すために，「ITシステム」を用いている。なお，情報システムについては，従来からデータ，情報，IT基盤等を含めて幅広くとらえてシステム監査を実施してきたので，そのように理解している読者にとっては，特に意識しなくてもよいだろう。

　システム管理基準の前文では，「今回の改訂においては，以下の点を考慮して，今後の組織体における<u>ITシステムの利活用の進展状況に対応</u>しやすい内容とすることを企図し，ITガバナンス編とITマネジメント編から構成した。」（下線は筆者）と説明し，以下をあげている。

　「①　様々な組織において，データの利活用を含む<u>ITシステムの利活用</u>によって，組織体の価値を向上させるサービス，製品及びプロセスを生み出し，改善する取組が加速している。

　②　自社で保有する情報システムだけでなく，広く<u>外部のサービス</u>を利用して事業を推進する組織体が多くを占めるようになっている。

③　ボーダレスなIT環境を踏まえて，ITガバナンス及びITマネジメントに関わる<u>国際規格の考え方や体系</u>を取り入れる必要性が生じている。」（下線は筆者）

さらに，「「基準」において，「ITシステムの利活用」には，ITの利活用だけではなく，<u>データの利活用も含み</u>，情報システムの計画，調達，外部委託，設計，統合，検証，移行，運用，保守及び廃棄，さらには，外部のITサービスの利用も含まれる。このため，ITガバナンス編では，これらを一括して「ITシステムの利活用」と表現しているが，ITマネジメント編においては，これらの要素の一部について記述する必要もあるため，「情報システム」，「情報システムの構成要素」等の表現も使用している。」（下線は筆者）。と説明している。データの利活用については，従来からシステム監査ではその実施状況を監査してきているので，特に大きな変更というよりも，データの利活用を含むということを明確にした改訂だといえる。

4.2　システム管理基準の概要

2023年改訂で，システム管理基準がどのように変化したのかを知るためには，2018年基準と比較してみるとわかりやすい（**図表2-4参照**）。図表2-4の太字下線部分は，大きな変更があったものである。

（1）ITガバナンスの強調

2018年基準では，ITガバナンスについて詳細な説明（EDMモデル，6つの原則，評価・指示・モニタの内容など）があったが，2023年基準では，ITガバナンス編として独立させ，ITガバナンスの重要性を強化している。システム監査基準でコーポレートガバナンスが協調されているが，これに対応して取締役会の役割を強調している点に特徴がある。

ただし，取締役が適切に職務を遂行しているかどうかを監査するのは，監査役（会）や監査等委員の役割であることに留意する必要がある。内部監査

◎図表2-4　システム管理基準の新旧比較◎

2018年基準	2023年基準
前文（システム管理基準の活用にあたって） システム管理基準の枠組み	前文（システム管理基準の活用にあたって）
1. ITガバナンスの定義 2. ITガバナンスにおけるEDMモデル 3. ITガバナンスにおける6つの原則 4. システム管理基準の前提となる組織体制	**Ⅰ. ITガバナンス編**
Ⅰ. ITガバナンス 1. 情報システム戦略の方針及び目標設定 2. 情報システム戦略遂行のための組織体制 3. 情報システム部門の役割と体制 4. 情報システム戦略の策定の評価・指示・モニタ 5. 情報システム投資の評価・指示・モニタ 6. 情報システムの資源管理の評価・指示・モニタ 7. コンプライアンスの評価・指示・モニタ 8. 情報セキュリティの評価・指示・モニタ 9. リスクマネジメントの評価・指示・モニタ 10. 事業継続管理の評価・指示・モニタ	Ⅰ.1 ITガバナンスの実践 　Ⅰ.1.1 経営戦略とビジネスモデルの確認 　Ⅰ.1.2 IT戦略の策定 　Ⅰ.1.3 効果的なITパフォーマンスの確認と是正 　Ⅰ.1.4 実行責任及び説明責任の明確化 Ⅰ.2. ITガバナンス実践に必要な要件 　Ⅰ.2.1 ステークホルダーへの対応 　Ⅰ.2.2 取締役会等のリーダーシップ 　Ⅰ.2.3 データ利活用と意思決定 　Ⅰ.2.4 リスクの評価と対応 　Ⅰ.2.5 社会的責任と持続性
	Ⅱ. ITマネジメント編 Ⅱ.1 推進・管理体制 　Ⅱ.1.1 体制と機能 　Ⅱ.1.2 システムライフサイクルモデル管理 　Ⅱ.1.3 ITアーキテクチャ管理 　Ⅱ.1.4 資源配分管理 　**Ⅱ.1.5 品質管理体制** 　Ⅱ.1.6 知識資産管理
Ⅱ. 企画フェーズ 1. プロジェクト計画の管理	Ⅱ.2 プロジェクト管理 　Ⅱ.2.1 プロジェクト計画の策定と承認 　Ⅱ.2.2 プロジェクトの実行と管理 　Ⅱ.2.3 プロジェクト意思決定管理 　Ⅱ.2.4 プロジェクトリスク管理 　**Ⅱ.2.5 調達管理** 　**Ⅱ.2.6 外部委託管理** 　Ⅱ.2.7 構成管理・変更管理 　Ⅱ.2.8 情報管理 　**Ⅱ.2.9 ドキュメント管理** 　Ⅱ.2.10 プロジェクトの生産性等の測定 　**Ⅱ.2.11 情報システムの品質保証**

	II.3 企画プロセス
	II.3.1 ビジネス分析
2. 要件定義の管理	II.3.2 業務要件定義
3. 調達の管理	II.3.3 システム要件定義
III. 開発フェーズ	
1. 開発ルールの管理	
2. 基本設計の管理	II.3.4 基本設計
3. 詳細設計の管理	II.3.5 詳細設計
	II.3.6 実現可能性及び効果の分析
4. 実装の管理	II.4 開発プロセス
	II.4.1 実装
	II.4.2 統合
5. システムテスト（総合テスト）の管理	II.4.3 検証
6. ユーザ受入テストの管理	II.4.4 ユーザ受入テスト
7. 移行の管理	II.4.5 本番環境への移行
8. プロジェクト管理	II.4.6 稼動後評価と報告
9. 品質管理	
IV. アジャイル開発	
1. アジャイル開発の概要	
2. アジャイル開発に関係する人材の役割	
3. アジャイル開発のプロセス（反復開発）	
V. 運用・利用フェーズ	II.5 運用プロセス
1. 運用管理ルール	II.5.1 運用体制の整備
2. 運用管理	II.5.2 運用計画
3. 情報セキュリティ管理	II.5.3 運用の実施
4. データ管理	
5. ログ管理	
6. 構成管理	II.5.4 運用における構成管理・変更管理
7. ファシリティ管理	
8. サービスレベル管理	
9. インシデント管理	II.5.5 インシデント管理・問題管理
10. サービスデスク管理	II.5.6 サービスレベル管理
	II.5.7 運用の監視と記録
	II.5.8 運用の評価と報告
VI. 保守フェーズ	II.6 保守プロセス
1. 保守ルール	II.6.1 保守体制の整備
2. 保守計画	II.6.2 保守計画
3. 情報セキュリティ管理	
4. 変更管理	
5. 保守の実施	II.6.3 保守作業の実施
6. ソフトウェア構成管理	II.6.4 保守作業の検証
7. ライフサイクル管理	II.6.5 本番環境への適用
	II.6.6 実施結果の記録と報告

	Ⅱ.7. 廃棄プロセス
	Ⅱ.7.1 廃棄計画
	Ⅱ.7.2 廃棄の実施
	Ⅱ.7.3 廃棄結果の検証
Ⅶ. 外部サービス管理	Ⅱ.8. 外部サービス管理
1. 外部サービス利用計画	Ⅱ.8.1 外部サービス利用計画の策定
2. 委託先選定	Ⅱ.8.2 外部サービスの選定と契約
3. 契約と管理	Ⅱ.8.3 外部サービスの運用管理
	Ⅱ.8.4 外部サービスの評価
4. サービスレベル管理（SLM）	Ⅱ.8.5 サービスレベル管理
Ⅷ. 事業継続管理	Ⅱ.9. 事業継続管理
1. リスクアセスメント	Ⅱ.9.1 リスクアセスメント
2. 業務継続計画の管理	Ⅱ.9.2 業務継続計画の策定
3. システム復旧計画の管理	Ⅱ.9.3 業務継続計画の管理
4. 訓練の管理	Ⅱ.9.4 訓練，演習及びテストの実施
5. 計画の見直しの管理	Ⅱ.9.5 業務継続計画の評価及び見直し
Ⅸ. 人的資源管理	Ⅱ.10 人的資源管理
	Ⅱ.10.1 人的資源管理計画
1. 責任と権限の管理	Ⅱ.10.2 責任と権限の管理
2. 業務遂行の管理	Ⅱ.10.3 業務遂行の管理
3. 教育・訓練の管理	Ⅱ.10.4 教育・訓練の管理
4. 健康管理	Ⅱ.10.5 健康管理
	Ⅱ.10.6 要員のワーク・エンゲージメント 向上
Ⅹ. ドキュメント管理	
1. ドキュメントの作成	
2. ドキュメントの管理	
用語定義 参考文献	システム管理基準の用語集（五十音順）

出所：経済産業省「システム管理基準」を筆者が整理して作成した（太字下線は筆者）。

としてシステム監査を実施する際には，取締役に必要な情報が適時・正確に伝達されているか，その仕組みがあるかという視点から監査を行うことになる。

（2）企画・開発の体系変更

　2018年基準では，企画フェーズ，開発フェーズに整理して管理策が整理されていたが，2023年基準では，システム開発プロセスとして整理し，フェーズではなくプロセスという用語を用いている。これにともなって，「Ⅱ.1 推進・

管理体制」が新たに設けられるとともに，プロジェクト管理に関する説明を詳細に行っている。また，調達について，企画フェーズから「Ⅱ.2 プロジェクト管理」の項目へと移動させている。

(3) プロジェクト管理の重視

　2018年基準では，基本設計，詳細設計を開発フェーズの項目として整理していたが，2023年基準では，「Ⅱ.3 企画プロセス」の項目として整理している。この結果，2023年基準の開発プロセスは，実装以降の項目を中心に説明している。また，品質管理についても，開発フェーズからプロジェクト管理へと移動させ（「Ⅱ.2.11 情報システムの品質保証」），調達管理，外部委託管理，ドキュメント管理もプロジェクト管理に分類されている。

　さまざまな開発手法が出現し，それに対応しなければならなくなっていることから，基本設計・詳細設計などの上流工程の項目やITシステムに共通する項目をプロジェクト管理に移動させて，さまざまな開発手法にも対応できるようにしたと考えることができる。

　なお，監査実務においては，監査項目が変わるわけではないので，どのプロセスで監査するかということに拘泥するのではなく，監査目的を考えて監査項目の抜け漏れがないように留意することが重要である。

(4) アジャイル開発の廃止

　2018年基準で初めてアジャイル開発手法が取り上げられたが，その後アジャイル開発手法だけではなく，クラウドサービスの利用，ローコード／ノーコード開発などの開発手法が拡大してきたことから，アジャイル開発だけを取り上げることをやめたものと考えられる。

　今後さまざまな開発手法については，システム管理基準ガイドライン（個別ガイドライン）などで対応していくことが期待されている。

(5) 廃棄サービスを独立項目へ

　2023年基準では，新たに廃棄プロセスの項目が設定されている。廃棄にともなう情報漏えいなどの問題が発生していることを踏まえて，廃棄プロセスに関する管理を強化することを目指したものだといえる。

(6) その他

　細かい点ではあるが，テストを検証と置き換えたり，「要員のワーク・エンゲージメント向上」を新たに取り入れたりしている。

4.3 システム管理基準の使い方

(1) 管理項目・達成目標・管理活動の読み方

　システム管理基準には，2018年基準と同様に，管理項目が示されているほか，管理項目によって目指している目標（達成目標）を示すとともに，ガバナンス活動又は管理活動の例を示している（**図表2-5**）。

◎図表2-5　管理活動の記載形式◎

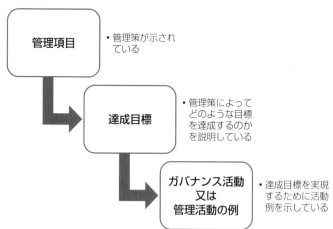

管理項目
・管理策が示されている

達成目標
・管理策によってどのような目標を達成するのかを説明している

ガバナンス活動又は管理活動の例
・達成目標を実現するために活動例を示している

　管理項目の意図を理解する必要があるが，達成目標は，その理解を助けるための参考になる。また，管理項目だけでは，具体的にどのような対策を講じればよいのかがわかりにくい場合もある。そこで，ガバナンス活動又は管理活動の例から，「このような対策を講じればよいのだな」というように理解してもらえればよい。

コラム①　失敗しない「システム管理基準」の使い方

　システム管理基準に示されている「ガバナンス活動の例」や「管理活動の例」はあくまで例示なので，自社に必要なものかどうかは，各社で主体的に考える必要がある。何も考えずに活動例で示された対策を講じることは，楽なことかもしれないが，必要のない対策を講じてしまい管理過剰（オーバーコントロール）が発生するおそれがあるので，注意しなければならない。

　コントロールは，あるリスクについてそれを低減するために講じる対策なので，管理基準で想定しているリスクがあるのか，その大きさはどうかを判断してから，コントロール（ここでは活動例）を講じることが大切である。また，別の方法をとってもよいと考えることも重要である。

(2)　システム管理基準を適用する際の留意点

　システム管理基準は，システム監査人の判断尺度であると説明したが，システム管理基準で定められていることをそのまま確かめてもシステム監査ができるわけではない。システム管理基準は，大企業や中小企業でも利用できるように共通的な事項を示しているが，必ずしもすべての企業に適合しているわけではない。IT環境が異なるだけではなく，事業内容や組織体制などが異なるからである。例えば，金融機関と事業会社では導入している情報システムが大きく異なり，システムの安定性やレスポンスタイムなどに求められる要件が異なる。また，B to B企業と，B to C企業では，個人情報に関する取扱いが異なるので，情報システムに求められる要件も異なる。

　したがって，システム管理基準に示されている管理策（コントロール）が，

どのような目的で，どのような企業を想定して定められているのかなどをしっかりと理解することが必要になる。自社には，このコントロールが前提としているリスクが存在するのか，リスクは大きいのかを考えて，該当しない場合には，そのコントロールの有無を確かめる必要はなくなる。

　システム管理基準をベースにして監査手続書を作成するケースがあるが，この場合には，予備調査の結果を十分に反映させて，重要なコントロールと重要度の低いコントロールを区別しながら，監査手続書を作成する必要がある。十分に監査対象の状況を検討しないで，システム管理基準を丸写しにして監査手続書を作成し，それに基づいて監査を実施すると，過度の監査手続を実施してしまうことになり，監査対象部門からの反発を受けたり，実態に合わない指摘や改善提案を行うことになりかねないので，注意が必要である。

コラム② 付加価値のあるシステム監査とは？

　監査の付加価値が求められているが，どのような監査を行えば付加価値が高い監査になるのだろうか。簡潔にいえば，「経営に貢献する指摘や改善提案を行うこと」だといえる。内部監査は，経営管理や業務管理の改善に資するものでなければならない。内部監査の一環として実施するシステム監査では，監査で指摘や改善提案を行った結果，情報システムや情報システムが支える業務が改善しなければならないということである。

　情報システムについては，開発・運用・保守コストの低減，システムの有効活用，費用対効果の向上，情報セキュリティの向上などにつながる指摘や改善提案が求められる。また，情報システムの改善を通じて，業務処理の正確性向上や効率向上，顧客サービスの向上，経営者・管理者・担当者が気付かないリスクやコントロールの脆弱性等について指摘や改善提案を行うことができる。

5 COBITにみる変遷

(1) COBIT以前

ISACAの前身であるEDPAAが，Control Objectivesを公表し，日本語訳も公表していた。Control Objectivesでは，左ページにコントロールが示され，右ページに監査手続が示されるという構成であり，システム監査人にとってわかりやすい構成であった。このほかに，EDPAAでは，情報通信技術の変化に対応するために，CONCT（Control Objectives for Net Centric Technology：ネット中心テクノロジー管理ガイドライン）などの基準も公表している。

(2) COBITの変遷

COBITは，Control Objectives for Information and related Technologyの略であり，ISACAまたはITGIが提供しているものである。COBITは，1996年にリリースされて以来，改訂を重ね，2012年にCOBIT 5 がリリースされている。COBITは，当初，会計の世界で使われるGAAP（一般に公正妥当と認められる会計原則）のIT版を目指したものであったが，その後コーポレートガバナンス議論の高まりと相俟って，ITガバナンスを提唱し，ITガバナンスの実現のためのツールとして位置づけられている。

COBITは，グローバルなITコントロールの基準を定めようとしたものであり，各国のさまざまな基準や規格を参照している。日本のシステム監査基準もそれに含まれている。一方，日本のシステム監査基準においても，前述のようにCOBITを意識しCOBITとの整合がとられている。

COBITは，1996年の公表以降，1998年（第 2 版），2000年（第 3 版），2005年（4.0），2007年（4.1）と改訂を続け，2012年にCOBIT5が公表されている。COBIT5では，COBITを"A Business Framework for the Governance and Management of Enterprise IT"として，組織体のITのガバナンスとマネジメントのためのフレームワークと位置づけている。また，Meeting the Stakeholder Needs（ステークホルダーのニーズを充足），Covering the Enterprise End-to-end（組織体全体の包含），Applying a Single Integrated Framework（一つに統合されたフレームワークの適用），Enabling a Holistic Approach（包括的アプローチの実現），Separating Governance From Management（ガバナンスとマネジメントの分離）の5つの原則を示している。そして，今までは特に区別していなかったドメインを，ガバナンスとマネジメントに分け，ITマネジメントプロセスとして，APO（Align, Plan and Organise：整合，計画および組織化），BAI（Build, Acquire and Implement：構築，調達および導入），DSS（Deliver, Service and Support：提供，サービスおよびサポート），MEA（Monitor, Evaluate and Assess：モニタリング，評価およびアセスメント）の4つのドメインに整理し，合計で32のプロセスを示している。また，ガバナンスプロセスとして，EDM（Evaluate, Direct and Monitor：評価，方向付けおよびモニタリング）をあげ，そのなかで5つのプロセスを示している（COBIT2019では40のガバナンス／マネジメント目標になった）。

　2018年11月からCOBIT2019が公表されたが，その中で，「情報と技術の事業体ガバナンス（EGIT）」を提唱し，「デジタル変革を考慮に入れて，情報と技術（I&T）は事業体の支援，持続性及び成長において決定的なものになった。」としている。また，COBITとEGITの関係は，「COBITは事業体の情報と技術のガバナンスとマネジメントのフレームワークであり，事業体全体を対象とする。

・事業体のI&Tは，全ての技術と情報処理を意味し，事業体がそのゴールを達成するにふさわしい場所に配置される。これが事業体のどこで発生するか関係ないのである。

・事業体のI&Tは組織のIT部門に限定されないが，もちろんそれを含む」と説明している。」（https://www.itgi.jp/index.php/cobit2019/introduction，下線は筆者）

また，ガバナンスとマネジメントについて，次のように説明している。

「（1）ガバナンス（役員会レベル）

・ステークホルダーのニーズ，状況及び選択を評価し，<u>事業体の目標を決定</u>していることを確保する。

・優先順位づけと意思決定によって，<u>方向づけ</u>されていることを確保する。

・目標に対するパフォーマンス及びコンプライアンスが<u>モニタ</u>されていることを確保する。

（2）マネジメント（上級経営幹部レベル）

<u>計画，構築，実行及びモニタの活動</u>が，事業体の目標を達成するために，ガバナンス体制によって設定された方向と整合していること。」（https://www.itgi.jp/index.php/cobit2019/introduction，下線は筆者）

　このように，COBITは，社会動向やIT環境の変化に対応して変革してきた点に特徴がある。COBITの変遷の過程で説明しておかなければならない点は，コーポレートガバナンスの動向を意識していることである。また，監査中心から，コントロールやガバナンスへと概念を拡大してきたことだといえる。さらに，Val ITにみられるように，ITが生み出す価値に重点が移りつつあるように思われる。わが国のシステム監査基準の改訂が，1985年の策定から2023年の改訂までの間に3回しか行われなかったことと比較すると大きな違いがあることがわかる。

　また，COBITは，日本のシステム監査基準と異なって，民間団体が作成している点に特徴がある。日本では，「お上」が策定した基準であるが，COBITは，システム監査やコントロールの専門家が集まって策定した基準である。このため，政府からの独立性は，COBITの方が強いといえる。また，日本のように基準を策定すると改訂作業を頻繁に行いにくいという風土ではないため，社会の変化やIT環境の変化に応じて迅速な対応ができる。

コラム③ FISC「システム監査基準」

　金融業界では，経済産業省「システム監査基準」,「システム管理基準」よりも，FISC（金融情報システムセンター）の「金融機関等のシステム監査基準」（2019年3月）や「金融機関等コンピュータシステムの安全対策基準・解説書（第11版）」（2023年5月）の方が馴染みがある。金融機関がシステム監査を実施する場合には，FISCの基準を用いる必要がある。これらの基準は，当局検査で参照されるからである。金融機関では，高い信頼性がシステム処理に求められているので，セキュリティ対策を万全なものにする必要がある。こうした金融機関の特徴を踏まえてFISCの基準は策定されている。

6 関連団体にみる変遷

（1）ISACA東京支部

　ISACAは，IIAでシステム監査（当時はEDP監査）に関心をもった者たちが集まりIIAから分離独立した団体である。わが国では，1984年にEDP監査人協会東京支部（詳しくは，http://www.isaca.gr.jp/index.htmlを参照）1986年に大阪支部，1989年に名古屋支部，2012年に福岡支部が設立され，活動を行っている。ISACAは，システム監査に関する各種の基準等を提供してきた。例えば，IT監査および保証業務基準，コントロール目標，CO-BIT，CONCTなどがあるが，特にCOBITが有名である。

　1994年に協会の名称を，EDPAAからISACAに変更した。これは，システム監査だけではなく，ITのコントロールにかかわる専門家を含めて，活動領域の拡大を狙ったものだといえる。

　ISACAの活動の特徴は，世の中の動向をいち早くキャッチし，それへの対応を迅速に図ってきたことにある。コントロールからビジネスの重視，さらにITガバナンスへ，SOX法に対応するためのCOBIT for SOXの作成・公表というように，時代の流れに敏感に対応してきている。

(2) 特定非営利活動法人日本システム監査人協会

特定非営利活動法人日本システム監査人協会は，1987年に設立されたシステム監査人の団体である（詳しくは，http://www.saaj.or.jp/index.htmlを参照）。経済産業省システム監査技術者試験の合格者が集まって設立された団体であり，当初の正会員は，試験合格者に限定されていた。

同協会の目的は，「日本システム監査人協会（SAAJ）は，システム監査を社会一般に普及させるとともに，システム監査人の育成，認定，監査技法の維持・向上を図り，よって，健全な情報化社会の発展に寄与することを目的としています」（http://www.saaj.or.jp/annai/setsuritsu_jigyou.html）としており，システム監査の研究・普及促進などを目的として，月例会や研究会を開催して会員のスキルアップに努めている。また，システム監査に関する書籍の出版も積極的に行っている。2002年の特定非営利活動法人化にともなって，システム監査試験合格者以外も正会員とするようになった。さらに，同協会では，公認システム監査人（CSA：Certified Systems Auditor）の制度を設けて，システム監査実務のできるシステム監査人を認定することによって，システム監査人の質の向上を図っている。

(3) 一般社団法人日本内部監査協会（IIA-JAPAN）

一般社団法人日本内部監査協会は，1957年に日本内部監査人協会として設立され，1958年に日本内部監査協会に名称を変更し，2013年には一般社団法人となっている。同協会は，「協会の設立目的は，『内部監査及び関連する諸分野についての理論及び実務の研究，並びに内部監査の品質及び内部監査人の専門的能力の向上を推進するとともに，内部監査に関する知識を広く一般に普及することにより，わが国産業，経済の健全な発展に資すること』である」（http://www.iiajapan.com/leg/iia/）としている。同協会の構成員は，主として企業，官公庁，公共事業体などの内部監査部門の正会員，CIAの資格保有者などであるIIA個人会員，そのほかに名誉会員である。

一般社団法人日本内部監査協会では，認定内部監査士の制度を設けている

◎図表2-6　GTAG一覧◎

名称	年月
Assessing Cybersecurity Risk: The Three Lines Model	JAN 15, 2021
Auditing Business Applications	SEP 15, 2021
Auditing Cyber Incident Response and Recovery	JUN 17, 2022
Auditing Cybersecurity Operations: Prevention and Detection	MAY 20, 2022
Auditing Identity and Access Management	JUN 18, 2021
Auditing Insider Threat Programs	AUG 15, 2021
Auditing IT Governance (Previously GTAG 17)	SEP 10, 2021
Auditing IT Projects	APR 15, 2020
Auditing Mobile Computing	JAN 12, 2022
Auditing Network and Communications Management	JAN 12, 2023
Business Continuity Management (Previously GTAG 10)	FEB 15, 2010
Continuous Auditing	JAN 16, 2019
Data Analysis Technologies (Previously GTAG 16)	JAN 17, 2019
Fraud Prevention and Detection in an Automated World (Previously GTAG 13)	DEC 06, 2009
Information Technology Outsourcing, 2nd Edition (Previously GTAG 7)	MAY 15, 2014
Information Technology Risk and Controls, 2nd Edition (Previously GTAG 1)	JUN 10, 2012
IT Change Management: Critical for Organizational Success, 3rd Edition (Previously GTAG 2)	SEP 10, 2021
IT Essentials for Internal Auditors	SEP 10, 2021
Management of IT Auditing, 2nd Edition (Previously GTAG 4)	JAN 15, 2013
Understanding and Auditing Big Data	MAY 22, 2017

出所：https://www.theiia.org/en/standards/what-are-the-standards/recommended-guidance/supplemental-guidance/

が，このシステム監査版として情報システム監査専門内部監査士を認定している（詳しくは，http://www.iiajapan.com/leg/certifications/InfoSystem/を参照）。また，一般社団法人日本内部監査協会は，内部監査人の国際的な団体であるIIAの日本支部としても活動している。

　なお，IIAでは，システム監査に関するガイドラインとして，GTAG（Global Technology Audit Guides，**図表2-6**参照）を公表している。GTAGは，主として内部監査部門長や経営者が利用しやすい内容になっている。

（4）システム監査学会

　システム監査学会は，文字どおりシステム監査をテーマに研究活動を行っている学会である。1987年に設立され，「本会は，システム監査に関する会員相互の研究交流を促進し，また学術的な研究および調査の実施等を通じて，健全な情報化社会の発展に資することを目的とする」（http://www.sysau-dit.gr.jp/kaisoku/kaisoku.html）として，システム監査の研究者や実務家が中心になって活動を行っている。

　また，専門監査人制度を設けており，この制度によって，「専門監査人が精度の高い監査を実践して，情報社会の安全化・安定化に資することを目的としている」（http://www.sysaudit.gr.jp/senmon/index.html）としている。システム監査の対象範囲が広範なために，会計システム，個人情報保護，情報セキュリティの3つの分野を設けて，それぞれの領域を扱う能力をもつシステム監査の専門家を認定する制度である。情報セキュリティや個人情報保護といった専門分野の拡大に対応して，専門領域ごとにシステム監査人の能力を認定し，システム監査人のスキル向上に取り組んでいる。

（5）日本公認会計士協会

　日本公認会計士協会でも，システム監査を重視してきている。財務報告がITによって作成され，その重要度が年々高まっているのと相俟って，各種基準を策定するとともに，財務諸表監査におけるITレビューの範囲やレビ

ュー内容を強化してきている。日本公認会計士協会では，いわゆるシステム監査にかかわる事項は，監査IT対応専門委員会が担当している。同委員会のメンバーは，公認会計士のなかでもITに精通した者が中心である。公認会計士あるいは監査法人が行うITレビューは，前述のとおり内部監査で行うシステム監査とは異なり，財務報告の信頼性にかかわる領域であり，正確性や準拠性が中心である点に注意しなければならない。

> **コラム④** FISC「金融機関等コンピュータシステムの安全対策基準・解説書」第11版
>
> コンピュータシステムの安全対策の適切性を監査で判断するための尺度として，FISC（公益財団法人金融情報システムセンター）の「金融機関等コンピュータシステムの安全対策基準・解説書」が役立つ。同基準は，1985年に初版が発行されて以来改訂が行われており，2023年5月に公表された第11版では，『金融機関等におけるクラウド導入・運用に関する解説書（試行版）』の取込みと，記載表現の見直しが行われた。金融機関等でもクラウドサービスの利用が拡大しており，2021年に『金融機関等におけるクラウド導入・運用に関する解説書（試行版）』が作成された。第11版では，この試行版に対する意見等を踏まえて，安全対策基準に反映させた。具体的には，「クラウドサービス固有で対応すべき事項や特に留意すべき事項」，「クラウドサービス利用時のシステム構成図（モデル図）」，「クラウドサービス利用時におけるリスクと安全対策基準の対比表」を取り込んでいる。

 IT統制とシステム監査の概念

第3章

IT統制（コントロール）の概念

1.1 内部統制報告制度における「ITへの対応」

　金融商品取引法によって上場企業に対して，内部統制の有効性を評価し，その結果を内部統制報告書として，内閣総理大臣へ提出することが義務づけられた。また，内部統制報告書は，公認会計士（あるいは監査法人，以下同じ）の監査を受けることが義務付けられた。内部統制報告制度における内部統制の有効性評価および内部統制監査では，実施基準（企業会計審議会「財務報告に係る内部統制の評価及び監査の基準並びに財務報告に係る内部統制の評価及び監査に関する実施基準の改訂について（意見書）」2023年4月7日（適用は，2024年4月1日〜））を参照して実施することが求められている。この実施基準では，内部統制の目的や基本的要素が示されているが，6つの基本的要素の1つとして「ITへの対応」（IT統制）が示されている。

　実施基準におけるIT統制は，IT全社統制，IT全般統制およびIT業務処理統制に整理できる。その内容は，以下に述べるとおりである。

1.2 IT全社統制

　実施基準では，全社的な統制として42項目を例示し，そのなかで，「ITへの対応」として5項目が示されている（**図表3-1参照**）。IT全社統制は，企

業全体として，ITに関する体制が整備され，IT計画が策定されてそれを実施していく仕組みやプロセスのことである。この中には，ITに関する規程なども含まれる。

IT全社統制は，システム監査の世界では，従来全般統制といわれてきたものである。全社統制には，全社的な体制，IT戦略・計画，規程・マニュアルなどが含まれており，次に述べるIT全般統制の統制項目も含まれている。実施基準では，IT全社統制として全社統制の中に含めて例示されているが，ITだけを独立させてこの中に含めるべきかどうかについては検討の余地があろう。IT計画だけを独立した統制項目にしなければならないのか，工場の設備投資計画（戦略）と同じように考えてはいけないのか，といった疑問が残るからである。

IT全社統制，IT全般統制，IT業務処理という3区分になったのは，ITGI（ITガバナンス協会）の「COBIT for SOX」第1版の影響があるかもしれない。「COBIT for SOX」では，全社統制，全般統制，業務処理統制の3区分で統制項目が示されていたからである。なお，「COBIT for SOX」の第2版では，全般統制と業務処理統制の2区分となり，全般統制の中が，実施基準でいうIT全社統制とIT業務処理統制に分かれている。なお，今では，*IT*

◎図表3-1　実施基準（IT全社統制）◎

No.	内容
1	経営者は，ITに関する適切な戦略，計画等を定めているか。
2	経営者は，内部統制を整備する際に，IT環境を適切に理解し，これを踏まえた方針を明確に示しているか。
3	経営者は，信頼性のある財務報告の作成という目的の達成に対するリスクを低減するため，手作業及びITを用いた統制の利用領域について，適切に判断しているか。
4	ITを用いて統制活動を整備する際には，ITを利用することにより生じる新たなリスクが考慮されているか。
5	経営者は，ITに係る全般統制及びITに係る業務処理統制についての方針及び手続を適切に定めているか。

出所：企業会計審議会「財務報告に係る内部統制の評価及び監査の基準並びに財務報告に係る内部統制の評価及び監査に関する実施基準の改訂について（意見書）」2023年4月7日，経営者評価：p.98.

*Control Objectives for Sarbanes-Oxley, 4th Edition*が出版されている。

1.3 IT全般統制

　IT全般統制は，実施基準では，「ITに係る全般統制とは，業務処理統制が有効に機能する環境を保証するための統制活動を意味しており，通常，複数の業務処理統制に関係する方針と手続をいう。」（企業会計審議会「財務報告に係る内部統制の評価及び監査の基準並びに財務報告に係る内部統制の評価及び監査に関する実施基準の改訂について（意見書）」2023年4月7日，p.53）と定義されている。簡単にいえば，IT統制とは，IT基盤ごとの統制のことである。

　IT全般統制では，この「IT基盤ごと」が厄介なのである。最近のIT環境は，メインフレーム，クライアントサーバ，Webシステム，クラウドサービス，ハウジングサービスなど，多種多様である。業務システムごとにサーバを設置して，異なった運用・管理を行っている場合もある。したがって，IT基盤を厳密に分けてIT全般統制を整備しようとすれば，企業にとって大きな負担となる。IT基盤の違いを強調しすぎれば，IT基盤の数が増えるからである。反対にIT基盤の共通点を強調し，IT基盤をグルーピングすれば，IT基盤数が減少する。

　IT全般統制では，**図表3-2**に示す項目が統制項目の例として示されている。経営者評価と内部統制監査では，例示されている内容が異なるので，両者を合わせて，どのような統制が求められているのかを考えるとよい。また，実務では，公認会計士や監査法人によって評価項目が異なるようである。

　IT全般統制を効率的に整備するためには，IT基盤ごとに異なった統制を行うのではなく，さまざまなIT基盤を共通で統制する体制や手続を整備し運用することが重要である。

◎図表3-2　実施基準（IT全般統制）◎

経営者評価	内部統制監査
システムの開発・保守	システム，ソフトウェアの開発，調達または変更について，事前に経営者または適切な管理者に所定の承認を得ていること。
	開発目的に適合した適切な開発手法がシステム，ソフトウェアの開発，調達または変更に際して，適用されていること。
	新たなシステム，ソフトウェアの導入にあたり十分な試験が行われ，その結果が当該システム，ソフトウェアを利用する部門の適切な管理者およびIT部門の適切な管理者により承認されていること。
	新たなシステム，ソフトウェアの開発，調達または変更について，その過程が適切に記録および保存されるとともに，変更の場合には，変更前のシステム，ソフトウェアに関する内部統制の整備状況に係る記録が更新されていること。
	新たなシステム，ソフトウェアにデータを保管または移行する場合に，誤謬，不正等を防止する対策が取られていること。
	新たなシステム，ソフトウェアを利用するにあたって，利用者たる従業員が適切な計画に基づき，教育研修を受けていること。
システムの運用・管理	システムを構成する重要なデータやソフトウェアについて，障害や故障等によるデータ消失等に備え，その内容を保存し，迅速な復旧を図るための対策が取られていること。
	システム，ソフトウェアに障害や故障等が発生した場合，障害や故障等の状況の把握，分析，解決等の対応が適切に行われていること。
内外からのアクセス管理などのシステムの安全性の確保	監査人は，企業がデータ，システム，ソフトウェア等の不正使用，改ざん，破壊等を防止するために，財務報告に係る内部統制に関連するシステム，ソフトウェア等について，適切なアクセス管理等の方針を定めているか確認する。
外部委託に関する契約の管理	企業が財務報告に関連して，ITに係る業務を外部委託している場合，監査人は，企業が適切に外部委託に関する契約の管理を行っているか検討する。

出所：企業会計審議会「財務報告に係る内部統制の評価及び監査の基準並びに財務報告に係る内部統制の評価及び監査に関する実施基準の改訂について（意見書）」2023年4月7日，p.87およびpp.117-118に基づいて作成。

1.4　IT業務処理統制

　IT業務処理統制は，各業務プロセスのなかで，ITを使って統制を行うものであり，財務報告に係るデータの入力から出力までのプロセスにおけるITを利用した統制のことである。IT全社統制が，ITを対象とした統制であるのに対して，IT業務処理統制は，ITを利用した統制ということができる。実施基準では，「ITに係る業務処理統制とは，業務を管理するシステムにおいて，承認された業務がすべて正確に処理，記録されることを確保するために業務プロセスに組み込まれたITに係る内部統制である。」（企業会計審議会「財務報告に係る内部統制の評価及び監査の基準並びに財務報告に係る内部統制の評価及び監査に関する実施基準の改訂について（意見書）」2023年4月7日，p.53）と説明している。

　IT業務処理統制の統制項目としては，経営者評価と内部統制監査でそれぞれ，**図表3-3**に示すような項目をあげている。また，IT業務処理統制では，販売情報システムと会計システム間での売上計上データの連結のようなアプリケーションシステム間のインターフェイス，請求金額の計算処理や減価償却費計算のような自動計算，ワークフローを利用した電子決裁におけるステ

◎図表3-3　実施基準（ITに係る業務処理統制）◎

	経営者評価	内部統制監査
1	入力情報の完全性，正確性，正当性等が確保されているか。	入力情報の完全性，正確性，正当性等を確保するための手段が取られているか。
2	エラーデータの修正と再処理の機能が確保されているか。	エラーデータの修正と再処理が適切に行われているか。
3	マスタ・データの正確性が確保されているか。	仕入先，販売先等のマスタ・データの維持管理が適切に行われているか。
4	システムの利用に関する認証・操作範囲の限定など適切なアクセス管理がなされているか。	システムの利用に関する認証・操作範囲の限定など適切なアクセスの管理がなされているか。

出所：企業会計審議会「財務報告に係る内部統制の評価及び監査の基準並びに財務報告に係る内部統制の評価及び監査に関する実施基準の改訂について（意見書）」2023年4月7日，p.88，118に基づいて作成。

ータス管理もIT業務処理統制に含まれている。

　IT業務処理統制では，IT全般統制と類似の統制項目がある。IT基盤がアプリケーションシステムごとに整備・運用されている場合には，その傾向が顕著になる。したがって，IT業務処理統制の有効性を評価あるいは監査する場合には，IT基盤がどのようになっているかを把握し，IT全般統制との関係を把握したうえで行わなければならない。

　なお，経済産業省が「システム管理基準　追補版（財務報告に係るIT統制ガイダンス）」を2007年3月30日に公表しており，統制項目を具体的に示している。追補版は，統制項目の具体的な内容について理解を深めるために役立つ。追補版の項目を参照して，自社のIT環境を勘案しながら，必要な統制項目を検討して整備するとよい。

　IT業務処理統制は，手作業で行う統制を自動化するものなので，これを上手に業務プロセスに組み込むことによって，内部統制の有効性評価の作業負荷を低減できる。IT業務処理統制は，業務処理統制の効率的，効果的な整備，運用にとって重要である。

コラム⑤　IT統制の資料の活用法

　J-SOXで用いられるRCM（リスクコントロールマトリックス）や業務フロー等の文書は，財務報告の信頼性の視点から作成されているので，そのままシステム監査に利用するのではなく，工夫が必要である。リスクを財務報告の信頼性以外の視点，例えば，顧客からみて問題はないか，業務フローを標準化できないか，無駄な処理はないか，などの視点から業務フローの課題を見つけるとよい。例えば，業務システムごとに異なった業務フローで障害対応や変更管理を行っていないか，IT業務の委託先ごとに異なった帳票・資料を用いていないか，等の視点から監査するとよい。

　さらに，業務フローに件数や作業時間を落とし込むことによって，ボトルネックを発見できる。ボトルネックを発見できれば，業務分担の見直し，IT化による効率化，権限委譲などの改善提案ができる。

2 システム監査の概念

2.1 リスク，コントロール，監査の関係

　本章第1節では，内部統制報告制度におけるIT統制について説明してきた。IT統制の有効性評価と，システム監査の関係はどのようになっているのだろうか。システム監査概念の説明に先立って，リスク，コントロール，監査の関係について説明する（**図表3-4参照**）。

　監査は，公認会計士や監査法人が実施する外部監査と，内部監査部門が実施する内部監査に区分できるが，ここでは，内部監査の視点からシステム監査を説明する。内部監査は，組織体のリスクマネジメントが有効に機能しているかどうか，つまり，内部統制の有効性を検証・評価する役割をもっている。この場合の内部監査は，内部統制報告制度における財務報告の信頼性確保に係る内部統制ではなくて，組織体の目標達成のための内部統制のことであり，本来の内部統制のことである。

　リスクマネジメントでは，リスク分析（リスクの洗い出し，把握のこと）

◎図表3-4　リスク，コントロール，監査の関係◎

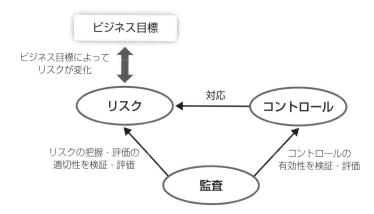

とリスク評価（リスクの大きさの評価）に基づいて，リスクへの対策を講じることになる。この対策がコントロールである。コントロールには，低減・回避・共有（移転）・受容という種類があり，このうちのいずれかを選択して導入することになる。監査は，これらのリスク分析・リスク評価・コントロールが適切に行われているかどうかを検証・評価するものである。リスク，コントロール，監査の3つの要素が有効に機能すれば，リスクマネジメントが有効に機能することになる。

　なお，リスクマネジメントにおけるリスクを「ITが活用されないリスク」，あるいは「ITが経営目標の達成に寄与しないリスク」と考えれば，ITガバナンスを確立できないリスクともいえる。ここで注意しなければならない点は，リスクマネジメントの対象とするリスクを，組織体に損失をもたらすリスク（「負のリスク」ともいう）に限定して考えてはならないことである。リスクには，新規事業への投資や工場の新増設といった投資機会にかかわる

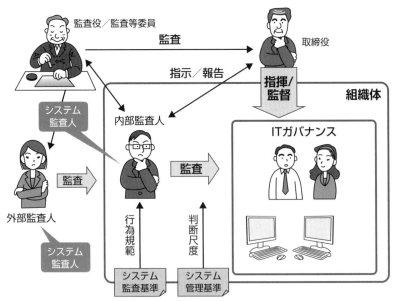

◎図表3-5　システム監査のフレームワーク◎

リスク（「正のリスク」ともいう）もあり，リスクマネジメントでは，こうした正のリスクも対象として考えなければならない。

2.2 システム監査の概念

　システム監査のフレームワーク（枠組み）は，**図表3-5**のように整理できる。システム監査は，外部監査人が実施する場合と，内部監査人が実施する場合に分けられる。外部監査人が実施する場合には，組織体全体が対象となるので，組織体のなかに存在する内部監査人も対象となり，内部監査人の実施するシステム監査業務も監査対象に含まれる。

　内部監査では，組織体内部の情報システムのすべてが対象になる。また，

◎図表3-6　ISACA「IT監査および保証業務基準」◎

GENERAL STANDARDS	1001	Audit Charter
	1002	Organizational Independence
	1003	Auditor Objectivity
	1004	Reasonable Expectation
	1005	Due Professional Care
	1006	Proficiency
	1007	Assertions
	1008	Criteria
PERFORMANCE STANDARDS	1201	Risk Assessment in Planning
	1202	Audit Scheduling
	1203	Engagement Planning
	1204	Performance and Supervision
	1205	Evidence
	1206	Using the Work of Other Experts
	1207	Irregularities and Illegal Acts
REPORTING STANDARDS	1401	Reporting
	1402	Follow-up Activities

出所：ISACA, *IT Audit Framework* (*ITAF™*) :*Professional Practices Framework for IT Audit*, 4th Edition, 2020.

情報システムの企画・開発・運用・保守にさいしては，情報システムにかかわる業務に関する知識が必要になるだけではなく，企業戦略において情報システムをどのように戦略的に活用していくかに関する知識や経営管理の視点からどのように活用すればよいか等に関する知識（マネジメントに関する知識）も必要になる。

　システム監査人に必要な要件やシステム監査の手順などの，システム監査人の行為規範を示したものがシステム監査基準である。一方，監査対象（情報システム，部門，業務など）の状況の適否を判断するさいの基準となるのが，システム管理基準である。

　ところで，ISACAも，「IT監査および保証業務基準」を公表している（**図表3-6**参照）。「IT監査および保証業務基準」の1001.1において，「IT監査および保証業務機能は，監査機能を監査規程において適切に文書化し，目的，実行責任者，権限者および説明責任を示すこと。」とし，システム監査の目的を組織体で定めるようにしている。また，「IT監査および保証業務基準」は，IT監査と監査報告の必須要件を規定している。

◎図表3-7　システム管理基準・COBITとシステム監査の関係◎

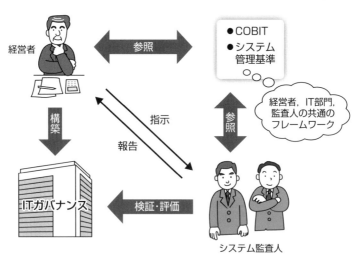

　システム管理基準やCOBITとシステム監査の関係は，**図表3-7**のように整理できる。システム管理基準およびCOBITは，ITガバナンスを構築するためのフレームワークであり，システム監査を実施するさいの監査人の判断尺度でもある。経営者，監査対象部門およびシステム監査人の三者が同一の尺度をもつことにより，ITガバナンス（ここではITマネジメントを含めて幅広い意味で用いている）を構築あるいは強化しやすくなる。

> **コラム⑥**　**監査役との連携**
>
> 　ITは，企業活動において重要な役割を担っていることから，監査役にとってもITは重大な関心事となっている。しかし，監査役または監査役のスタッフで，ITに知見のある者は，必ずしも多くはないので，内部監査部門のシステム監査担当者は，ITリスクを監査役に適切に説明し，理解を得ておくことが重要になる。情報漏えいやシステム障害といったITリスクだけではなく，IT投資の失敗，外部委託管理の不備などのITリスクについて，監査役の理解を深めることによって，監査役を通じてシステム監査の重要性や意義を説明してもらい，システム監査の応援団を作ることが大切である。

2.3　システム監査の対象領域

　システム監査の対象領域は，**図表3-8**に示すように時間軸，業務，組織の視点から整理することができる。

（1）時間軸からみた対象領域

　システム監査の対象は，情報システムであるが，情報システムのライフサイクル，すなわち，企画プロセス，開発プロセス，運用・利用プロセス，保守プロセス，という視点から監査対象領域を捉えることができる。

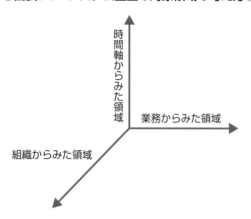

◎図表3-8　システム監査の対象領域の考え方◎

時間軸からみた領域

業務からみた領域

組織からみた領域

(2) 業務からみた対象領域

　監査対象の情報システムの種類，あるいは情報システムが支援している業務の視点から監査対象領域を捉えることができる。例えば，アプリケーションシステム（販売情報システム，会計情報システムなど）や各種業務（システム化が進んでいない業務を含む）の視点である。システム化が進んでいない業務は，システム監査の対象と考えにくいかもしれないが，システム化を進めるべき対象業務として考えれば，システム監査の対象となる。

(3) 組織からみた対象領域

　監査対象領域は，情報システムに関与する者（部門）という視点から，監査対象領域を考えることができる。例えば，経営者（トップマネジメント，CIOなど），IT部門，システムのオーナ部門・ユーザ部門，業務プロセスのオーナ部門，外部委託先（開発，運用，保守），業務委託先，業務提携先などの，どれを対象に監査を実施するのかを決める。

　このように，システム監査の対象領域は，広範にわたっていることに特徴がある。そのため，監査リソース（システム監査人，監査日程，監査ツールなど）をどのような領域に重点をおいて投入するのかが問題となる。つまり，

監査対象領域のリスク評価を行い，それに基づいて監査を実施することが重要になる。

3 関連概念の整理

3.1 情報システム監査，IT監査，システム監査の違い

　システム監査は，情報システム監査と呼ばれたり，IT監査と呼ばれたりしている。経済産業省では，「システム監査」と呼んでおり，一般社団法人日本内部監査協会では，「情報システム監査」と呼んでいる。IT監査は，IT（情報技術）という言葉が一般的になり社会で広く使われるようになったこともあって，IT監査という用語も使われるようになった。ISACAのCOBITでは，従来，Audit Guidelines と呼ばれてきたが，COBIT4.1では，IT Assurance Guidelinesとなり，COBIT5ではCOBIT5 for Assuranceとなった。また，ITという言葉が用いられるようになり，auditではなく，assuranceという言葉が使われるようになった（ただしCOBIT2019では特に文献が見当たらない）。

　厳密に使い分けをすると，情報システムよりもシステムの方がより範囲が広くなる。つまり，「情報」がついている場合には，情報システム（コンピュータシステム）が対象であるが，「情報」がない場合には，情報システムだけではなく，業務システムや経営システムのような仕組みやプロセスも含むとされる。IT監査といった場合には，アプリケーションシステムよりもサーバやネットワークなどの技術を対象とした監査と考えることができる。システム監査あるいは情報システム監査の場合には，業務プロセスやアプリケーションシステムのイメージが強く，IT監査の場合にはIT基盤というように技術の問題を中心に扱うシステム監査を意味すると説明されることもある。

3.2 情報セキュリティ監査との関係

　情報セキュリティ監査は，システム監査と共通する部分も少なくないので，両者を同一のものと考える人もいる。両者の相違点は，監査対象と，監査視点（監査要点）の側面から考えるとわかりやすい。

（1）監査対象の違い

　情報セキュリティ監査の「情報」は，情報資産を意味している。情報資産には，ソフトウェア，データ，ハードウェア，ネットワーク，知的財産，要員，口頭や記憶による情報などさまざまなものが含まれる（**図表3-9**参照）。したがって，情報セキュリティ監査では，いわゆる情報システム以外の情報資産，あるいはIT以外の情報資産も監査対象に含まれる。

　一方，システム監査の場合には，情報システムにかかわるものが対象になる。つまり，ソフトウェア，データ，ハードウェア，ネットワーク，知的財産，要員といった情報資産が含まれる。

◎図表3-9　システム監査と情報セキュリティ監査の監査対象の違い◎

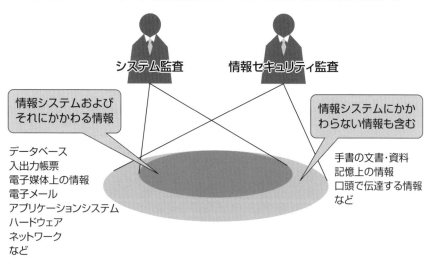

システム監査　　　情報セキュリティ監査

情報システムおよび
それにかかわる情報

情報システムにかか
わらない情報も含む

データベース
入出力帳票
電子媒体上の情報
電子メール
アプリケーションシステム
ハードウェア
ネットワーク
など

手書の文書・資料
記憶上の情報
口頭で伝達する情報
など

　情報セキュリティ監査では，情報セキュリティマネジメントシステムを前提とした情報セキュリティ管理基準（情報セキュリティ監査の判断尺度）が策定されており，マネジメントシステムが監査対象となる。システム監査では，ITガバナンス（COBIT5およびCOBIT2019では，ガバナンスプロセスとマネジメントプロセスに分かれる）が監査対象であるし，販売情報システム，会計情報システムといったアプリケーションシステム（業務プロセス）も重要な監査対象になっている。

(2) 監査視点の違い

　情報セキュリティ監査の監査視点は，当然のことながら情報セキュリティである。具体的には，情報セキュリティの3つの構成要素（機密性，可用性，インテグリティ）が監査視点になる。しかし，内部監査人として情報セキュリティ監査を実施する場合には，情報セキュリティマネジメント（情報セキュリティマネジメントシステム）の効率性についても検証・評価しなければならない。例えば，過剰なコントロールが行われていないか，コントロールを自動化し効率を向上できないかといった視点から監査を行う必要がある。また，情報セキュリティマネジメントシステムが，経営目標の達成に役立っているかという経営にとっての有効性の視点からも，監査する必要がある。

　これに対して，システム監査では，より広い監査視点が必要になる。システム監査の目的は，ITガバナンスの確立・維持状況を検証・評価することなので，情報セキュリティだけではなく，戦略性，有効性，効率性など幅広い視点から監査を実施することになる。

　したがって，情報システムにかかわる規程・マニュアルの遵守状況をチェックすることや，情報セキュリティだけをチェックすることがシステム監査の役割ではない。経営の視点に立って，ITがビジネス目標の達成に寄与する仕組みやプロセスがあるかどうかを監査する点に，システム監査の特徴がある。

3.3 内部統制報告制度（IT統制）との関係

　企業会計審議会は，「財務報告に係る内部統制の評価及び監査の基準並びに財務報告に係る内部統制の評価及び監査に関する実施基準の改訂について（意見書）」において，次のように説明している。すなわち，「サステナビリティ等の非財務情報に係る開示の進展やCOSO報告書の改訂を踏まえ，内部統制の目的の一つである「財務報告の信頼性」を「報告の信頼性」とすることとした。報告の信頼性は，組織内及び組織の外部への報告（非財務情報を含む。）の信頼性を確保することをいうと定義するとともに，「報告の信頼性」には「財務報告の信頼性」が含まれ，金融商品取引法上の内部統制報告制度は，あくまで「財務報告の信頼性」の確保が目的であることを強調した。」である（下線は筆者）。

　つまり，非財務情報も含まれるということであり，今までは財務情報に限定していた情報の範囲が拡大した。しかし，その基本は財務報告の信頼性確保がポイントになる。財務報告の信頼性に焦点を当てた監査と，ITガバナンスおよびITマネジメント全体について多様な視点から検証・評価するシステム監査とは，この点に違いがある。

　内部統制報告制度（IT統制）とシステム監査の関係は，**図表3-10**のように整理できる。内部統制報告制度で行われるIT統制の経営者評価では，財務報告（非財務情報を含む）の信頼性に係るIT統制の有効性が評価される。つまり，評価対象が財務にかかわるデータであり，評価の視点は信頼性（インテグリティ）が中心である。これに対してシステム監査では，財務報告にかかわらないデータも監査対象であり，信頼性だけではなく，戦略性，有効性，効率性なども監査の視点になっている。

　例えば，10億円で開発した会計システムについて，財務情報が正確であり，内部統制上の不備はないとする。しかし，このシステムの機能は，オーバースペック（必要以上の機能を実装している）になっており，7億円で開発できた会計システムだと仮定する。このような場合に，内部統制の有効性評価

◎図表3-10　IT統制評価とシステム監査の比較◎

	IT統制評価	システム監査
目的	財務報告（非財務情報を含む）の信頼性に係るIT統制の有効性の評価	ITガバナンスの確立・運用状況の検証・評価
義務	必須	任意
評価対象	財務報告（非財務情報を含む）に係る情報システム	すべての情報システム（財務報告にかかわらない情報システムも含む）
評価の視点	財務報告（非財務情報を含む）のインテグリティ	戦略性，有効性，効率性，インテグリティ，可用性，機密性など
手法	質問，閲覧（サンプリング），再実施，観察	左に加えて，全数調査，データ分析，他社調査など
責任	経営者が評価責任をもつ。評価手順や手続に問題があれば，内部統制監査で指摘される。	経営者に対する監査責任がある。
柔軟性	低い	高い
判断基準	実施基準など	システム管理基準，COBITなど
実施主体	内部統制の評価担当部門（内部監査部門，財務部門など）	内部監査部門（外部への委託もあり）

では，不備がないと評価するが，システム監査では，オーバースペックになった原因を究明し，オーバースペックが再発しないようにシステム開発プロセスの見直しについて，改善提案しなければならない。これが，IT統制の評価とシステム監査の違いである。

　また，内部統制報告制度のIT統制の有効性評価は，IT統制について保証を行うことが目的である。一定の水準，すなわち，企業会計審議会の実施基準，同Q&A，日本公認会計士協会の実務指針などを判断基準として，それを満足するようなIT統制が整備・運用されていることを保証するのである。したがって，内部監査の保証と助言という2つの役割のうち，保証だけを行う業務だといえる。

　そこで，内部統制報告制度で行うIT統制の有効性評価では，コントロールを自動化して効率的に行うことを助言したり，必要以上のコントロールを削減したりするといったコントロールの適正水準化のための助言は行わない

し，また行ってはならないのである。こうした助言を行ってしまうと，IT統制の有効性評価について，客観性が担保されにくくなるからである。

3.4 個人情報保護監査との関係

　個人情報保護監査と，システム監査の共通点も少なくない。個人情報（個人データ）は，情報システムで利用されることが多いので，個人情報保護におけるアクセス管理などの安全管理措置が，システム監査のアクセス管理と重複することになる。個人情報保護監査の監査対象領域と，システム監査対象領域は，**図表3-11**のように整理できる。個人情報保護監査では，情報システム以外の個人情報も対象となる点に特徴がある。システム監査では，入力伝票（申込票など含む）や出力帳票も監査対象となるので，実務的には，システム監査で個人情報保護監査を行うと効果的である。個人情報の取得，開示に関する事項は，個人情報保護監査に特有のものである。システム監査で個人情報保護監査を実施する場合には，個人情報の取得や開示に関する事項を監査項目に加える必要がある。

◎図表3-11　個人情報保護監査とシステム監査の違い◎

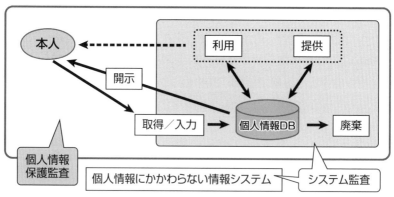

第4章 システム監査の推進体制と手順

1 システム監査の推進体制

1.1 システム監査チーム

　一般社団法人日本内部監査協会の調査によれば，**図表4-1**に示すようなシステム監査の実施率になっており，2010年度以降では概ね半数以上の企業で実施している。また，システム監査の専門スタッフを配置している企業も約4割となっている（**図表4-2参照**）。

　なお，同協会の「2017年監査白書」では，67.3％の企業等でシステム監査

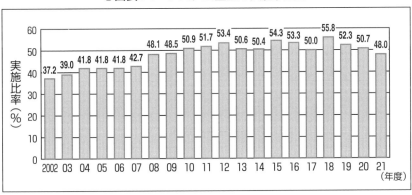

◎図表4-1　システム監査の実施状況◎

出所：日本内部監査協会「第54回内部監査実施状況調査結果－2009年度（2009年4月～ 2010年3月）における各社の内部監査テーマ・要点集」，月刊監査研究，2010年10月，p.3，一般社団法人日本内部監査協会『第66回内部監査実施状況調査結果－2021年度（2021年4月～ 2022年3月），p.ⅲから作成

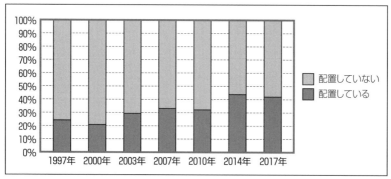

◎図表4-2　システム監査の専門スタッフ◎

出所：（一社）日本内部監査協会『第19回監査総合実態調査（2017年監査白書）集計編』2018
年8月に基づいて作成。

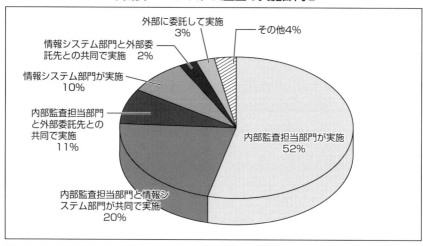

◎図表4-3　システム監査の実施部門◎

出所：（一社）日本内部監査協会『第19回監査総合実態調査（2017年監査白書）集計編』2018年8月に
基づいて作成。

を実施していると回答している。

　システム監査の実施部門は，**図表4-3**に示すように，内部監査担当部門が
実施している場合が多いが，情報システム部門や外部委託先の協力を得て実
施している場合も少なくない。企業の状況に応じて，工夫してシステム監査

を実施しているのが実態だといえる。

　システム監査を実施するためには，まず体制づくりから始めなければならないが，システム監査担当の専任チームを設置している企業は必ずしも多くはない。システム監査を推進する立場からみれば，専任チームを設置することが望ましいが，内部監査担当部門の体制や監査人の人数によっては難しい場合がある。こうした場合には，システム監査専任の担当者を配置することが望ましい。例えば，内部監査人が4～5名の内部監査担当部門の場合には，そのうちの少なくとも1名はシステム監査の専任者にするとよい。また，システム監査のスキルやノウハウを伝授するという視点から，システム監査の兼任者（補助者）を配置しておけば，システム監査人が異動・退職した場合でも継続してシステム監査を実施できる。

　システム監査人の専門分野は，アプリケーションシステム，組み込みシステム，ITインフラ（クラウドサービスを含む），プロジェクト管理，外部委託管理，個人情報保護，IT戦略・IT計画，知的財産権など多様である。また，アプリケーションシステムといっても，販売情報システム，物流情報システム，会計情報システム，購買情報システム，人事給与システム，生産管理システムなど，さまざまである。

　システム監査の対象は，アプリケーションシステム，ITインフラ（クラウドサービスを含む），システム開発業務，システム運用業務など，多種多様であることから，システム監査チームも，アプリケーションシステムに詳しい者，ITインフラに詳しい者など，さまざまな専門分野をもつシステム監査人で構成するとよい。監査テーマに応じて，どのような専門分野が必要なのかを検討して最適な人材を手当する。さらに，システム監査人の育成も考えなければならないので，専門分野以外の監査も担当させて，システム監査人のスキルアップにつながるような監査チームの編成も考慮することが大切である。

　筆者の経験では，少なくともアプリケーションシステムの開発・保守業務経験，ITインフラの構築・運用管理経験のある者を監査チームに加えてお

くとよい。会計情報システムに知見のあるシステム監査人も貴重である。内部統制報告制度に対応するために，内部監査人には，財務データ（会計データ）の信頼性確保に関する知識が不可欠となっているからである。ただし，単に経理業務を知っているというだけではなく，会計情報システムの開発・保守に携わっていることが望ましい。内部統制（IT統制）の評価業務の経験者をシステム監査チームに加えるのも一法である。

　なお，システム監査人（専任あるいは兼任）の配置が難しい場合には，監査の独立性・客観性に注意しつつIT部門の協力を得て，システム監査補助者としてITに詳しい者を参加させる方法や，システム監査業務の一部またはすべてを外部に委託する方法がある。IT部門の協力を得る場合には，監査の客観性を確保するために，内部監査人がIT部門から参加したシステム監査補助者に対して監査業務を監督・指導する必要がある。また，監査の独立性を確保するために，当該監査期間中は，内部監査担当部門への派遣などの人事的な対応や，IT部門の業務に関与させないなどの対応が必要になる。

1.2 システム監査人のスキル

　システム監査人には，内部監査に関する知識・スキルに加えて，ITに関する知識やスキルが必要である。また，監査対象のシステム，業務，部門などに対して，プロセスやマネジメントシステムの視点から分析する能力が不可欠である。さらに，ITに関連する知識として，知的財産権，個人情報保護法，労働法などの知識も必要になる。IT戦略やIT計画の適切性を監査するためには，当然のことながら経営戦略や経営計画に関する知識も必須である。このように，システム監査人には，幅広い知識が求められている。

　公認会計士監査の一環としてシステム監査（財務諸表監査の一環としてのITレビューや内部統制監査の一環としてのIT統制の監査）を行う場合には，公認会計士監査や内部統制監査に関する知識も必要になる。

◎図表4-4　『システム監査技術者試験（レベル４）シラバス　Ver.6.1』の構成◎

大項目	小項目		
1 システム監査の計画	1-1	中長期計画の策定	
	1-2	年度計画の策定	
	1-3	個別計画の策定	
2 システム監査の実施	2-1	実施準備	
	2-2	予備調査	(1) 関連資料の収集，インタビューなどによる情報収集
			(2) 現状把握
	2-3	監査手続の選択	
	2-4	本調査	(1) 現地調査
			(2) インタビュー
			(3) ドキュメントレビュー
			(4) その他のシステム監査技法
	2-5	監査調書の作成と保管	
	2-6	監査の結論の形成	
	2-7	監査の結論の総合検討	
	2-8	監査報告書案の作成	
3 システム監査の報告	3-1	指摘事項の記載	
	3-2	改善提案の記載	
	3-3	補足事項の記載	
	3-4	監査報告書の提出	
	3-5	監査報告会の開催	
	3-6	改善提案（及び改善計画）のフォローアップ	
	3-7	年度報告書の作成	
4 システム監査業務の管理	4-1	進捗管理	
	4-2	品質の確保	
	4-3	監査業務の改善	
	4-4	監査体制の整備	

出所：https://www.ipa.go.jp/shiken/syllabus/nq6ept00000014b0-att/syllabus_au_ver6_1.pdf

システム監査人に必要なスキルをまとめたものとして，独立行政法人情報処理推進機構が公表している『システム監査技術者試験（レベル４）シラバス　Ver.6.1』（2023年12月25日）がある。『システム監査技術者試験（レベル４）シラバス　Ver.6.1』では，**図表4-4**のような構成で，小項目ごとにシステム監査人に要求される知識および要求される技能を示している。これを参考にして，組織体のIT環境や経営環境などを勘案して，組織体に合ったスキル体系を策定するとよい。このスキル体系は，次に述べるシステム監査人の教育を行ううえでの基礎となる。

1.3 システム監査人の育成

　システム監査人には，ITに関する知識やスキルが必要なことはすでに説明してきた。ITに関する知識やスキルの習得で難しいことは，技術革新が激しいということである。例えば，会計監査担当者に対する教育では，会計処理が変わったといっても，借方と貸方の左右が変わることはない。また，簿記の8要素が変わることもない。これは，簿記の基本原理だからである。しかし，ITの場合には，バッチ処理からオンライン処理，集中処理から分散処理，メインフレームからクライアントサーバシステム，Webシステム，インターネットやスマートフォン，クラウドサービスなど，ITの原理原則が根本から大きく変化するような状況が起こっている。

　システム監査人の教育では，このようなITの動向をいち早くキャッチし，新たなリスクやそれに対応するためのコントロール，監査手続などに関する知識およびスキルをシステム監査人に身につけさせるようにしなければならない。

　メインフレームの経験も有益である。メインフレームは，時代遅れの技術だと考えている者も少なくないが，メインフレーム経験者は，バックアップ，ファイルの世代管理，プロジェクト管理などITの基本的な知識を理解しているので，システム監査人としての適性はあるといえる。もちろん，Web

システム，SCM（Supply Chain Management：サプライチェーンマネジメント），RFID（Radio Frequency IDentification：タグを用いてモノを識別・管理する，無線を利用した自動認識システム），ERPパッケージ，クラウドサービス，ビッグデータ，AI，生成AI，IoT，RPA，SNS，DXなどに関する知識は必要である。最新の知識・技術とメインフレームの経験があれば，システム監査人として，より適任だといえる。

　このようにシステム監査人には，IT動向に関する知識，特に最新技術に関するリスクやコントロールについての教育が重要である。しかし，一般のIT技術者に対する教育とシステム監査人に対する教育は，同じものではない点に留意しなければならない。IT技術者はシステムを導入・構築する立場からの教育を受けるが，システム監査人には，当該システムの導入・構築にさいして生じるリスクとそれに対するコントロールについての知識・スキルが必要になる。

　新技術に関する社外研修会に参加させる場合には，受講するシステム監査人に対して，技術を理解させるだけではなく，技術の導入によってどのようなリスクが新たに生まれるのか，当該技術を安心して利用するためには，どのようなコントロールが必要なのかを考えながら受講するように指導しなければならない。

　システム監査人の育成には，**図表4-5**に示すようなキャリアパスが考えら

◎図表4-5　システム監査人の育成◎

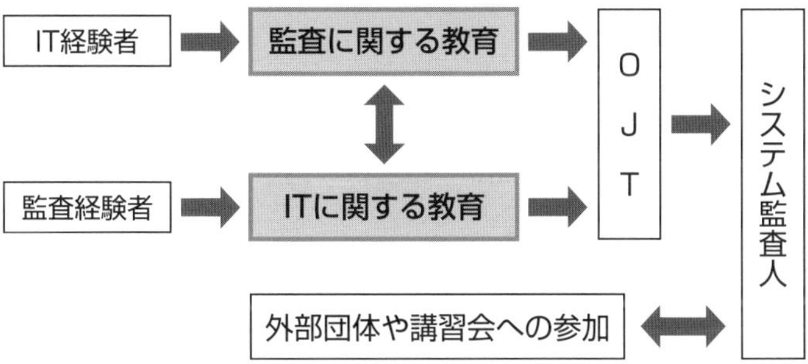

れるが，筆者の経験からITに関する業務を経験した者をシステム監査人に育成していく方法のほうがやりやすいと考えられる。

　なお，システム監査人の育成においては，ISACA，特定非営利活動法人日本システム監査人協会，一般社団法人日本内部監査協会，システム監査学会などの研究会などに参加して，システム監査に関する知識やスキルを磨くことが重要である。

1.4 システム監査案件の管理

(1) システム監査案件管理の必要性

　システム監査人には，システム監査案件の管理，つまり，システム監査プロジェクトの管理を行うスキルも必要である。特に大規模なシステム監査案件では，プロジェクト管理が不可欠である。システム監査案件のプロジェクト管理も，一般に行われるプロジェクト管理と同様のスキルが求められるが，システム監査では，監査を進めた結果発見された事項やそのリスクの大きさによって，多様な対応が行われる点に特徴がある。また，一般的なプロジェクト管理と異なって，経営者や監査対象部門との関係を勘案しつつ，経営者や監査対象部門に影響力を及ぼしながら，コントロールの改善が促進されるように努めなければならない。

(2) 進捗管理

　システム監査の進捗管理は，内部監査のプロジェクトの進捗管理と同様である。個別監査実施計画に従って，所定の期間内に監査目的を達成するように，監査チームメンバーの監査業務の進捗を管理する。進捗管理は，監査手続書で定められた監査項目ごとに，所定の監査手続が実施されているか，適切な監査証拠を収集しているか，監査結果はどうであったか（指摘事項はあったか）を確かめる。このさいに，問題点ばかりではなく，問題がなかったという事実についても把握する。監査手続書に沿って予定どおり監査が進ん

でいない場合には，他の監査チームメンバーに応援させたり，監査範囲を見直したりするなどの対応をとることになる。監査範囲の見直しは，監査品質に影響を及ぼすので，内部監査部門長の了解を得たうえで，実施するように留意しなければならない。

　企業によっては，所定の書式に箇条書きで記載した監査報告書を作成していたり，文章形式で監査報告書を作成していたりする場合がある。文章形式の監査報告書の場合には，文章の作成や表現の見直しなど，監査報告書の作成に時間がかかることがあるので，こうした場合には監査報告書作成の進捗管理も必要になる。

(3) 品質管理

　システム監査案件の管理では，システム監査の品質管理が必須である。監査品質の管理は，公認会計士監査だけではなく，内部監査においても注目されている。内部監査で実施するシステム監査の場合には，内部監査の目的が保証と助言にあることから，システム監査を一般に公正妥当と認められたシステム監査の手順や手続に従ってシステム監査を実施すること（システム監査プロセスの品質管理）と，保証や助言（指摘や改善提案）の品質を確保する（監査結果，つまり改善提案の品質管理）という2つの側面から品質管理を行うことが重要である。

　監査品質の管理は，ややもするとシステム監査のプロセスだけが注目され，指摘事項や改善提案の品質管理（有益な指摘や改善提案かどうか）に対する関心がやや薄れている印象を受けることがある。ITガバナンスが有効に機能している組織体の場合には，もちろん，指摘事項や改善提案が少ないので，監査結果の品質を管理することが難しい場合もある。しかし，現状のマネジメントやIT活用をさらに向上するための改善提案が，システム監査の付加価値向上のために重要であることを忘れてはならない。システム監査の品質管理については，第13章で詳しく述べる。

2 システム監査の手順

2.1 手順の概要

　システム監査は，会計監査や業務監査などの内部監査とほぼ同様の手順で行われる（**図表4-6**参照）。監査項目や監査技法は異なるが，基本的な流れは同じである。ただし，システム監査では，監査対象が情報システムであることから，事実の把握に専門的な知識が必要なこと，また事実確認のために情報システムを使った監査技法がとられることなどの点が異なる。例えば，システム化計画書などをレビューして，システムの全体像を把握したうえで，詳細な事実を確認しなければならないことがある。システム化計画書などは複雑なので，どうしても時間がかかってしまうことがある。また，アクセス管理や変更管理（データやプログラムの変更管理）のログを収集して，作業が定められた手順どおり行われているか，整備されたコントロールが有効に機能しているかなどを確かめることがある。

　システム監査の手順には，他の内部監査と比較して，次のような特徴がある。

① 監査対象が常に変化する。特に，システム開発プロジェクトの監査の場合には，予備調査や本調査のタイミング，監査期間の決定が難しい。また，監査報告をタイムリーに実施することが大切である。

◎図表4-6　システム監査の手順◎

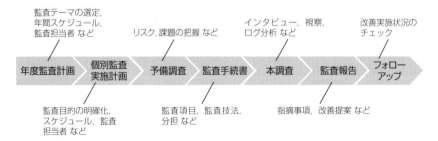

② 監査負荷を考慮することが重要である。システム開発プロジェクトの監査の場合には，監査負荷が過大にならないように配慮しなければならない。

③ 技術革新が著しいので，監査手続を常に工夫する必要がある。ITは，常に進化しているので，監査人はそれを理解しなければならない。

④ 監査の判断基準が難しい。システムの有効性，効率性，セキュリティなどの監査判断の基準は，監査人が設定しなければならない。

⑤ 電子化された監査証拠の収集に留意する必要がある。アクセスログやトランザクションなどの監査証拠は，電子データあるいは電子化されたものなので，その収集過程を明らかにしておかなければならない。

⑥ 会計監査および業務監査など他の監査を考慮して監査を実施することが求められる。情報システムは，会計をはじめ，さまざまな業務の基盤となっているので，監査人は，これらの業務について理解しておく必要がある。また，これらの業務を理解したうえで，業務改善やシステム改善について改善提案を行う必要がある。

⑦ システム監査には，情報システム（IT）に対するコントロールと，情報システム（IT）を利用したコントロールの2つの視点がある。この2つの視点から，監査を実施する必要がある。

⑧ 中長期の視点が必要になる。システム開発計画やITインフラ（ネットワーク，情報機器など）の新増設・リプレイスなどは，中長期の視点で行われるので，システム監査にも中長期の計画が必要である。

なお，公認会計士監査が実施する場合と，内部監査が実施する場合とでは，システム監査人の作業負荷が異なる。内部監査人の場合には，IT戦略，IT計画，IT推進体制，ITにかかわる規程やマニュアルなどの情報を日常的に入手できるのに対して，外部監査人の場合には，これらの情報をゼロから入手して内容を把握しなければならないからである。そのため，外部監査人の方が，内部監査人に比較して，監査計画の策定や予備調査監査などのフェー

ズの作業工数が多くなる。当然のことながら，外部監査人が継続的に監査対象企業のシステム監査を実施している場合には，作業工数が少なくなる。

2.2 監査計画

　会計監査，業務監査など他の内部監査と同様に，システム監査計画を策定する。監査計画は，中長期監査計画，年度監査計画，個別監査計画に大別できる。システム監査計画は，基本的には，他の内部監査計画と同様である。システム監査計画の特徴としては，他の監査に比較して，中長期的な視点が必要なこと，技術動向をふまえた監査計画を立案する必要があることなどである。

（1）中長期監査計画

　システム監査の場合には，特に中長期監査計画が必要になる。例えば，来年度稼動する情報システム，2年後に稼働する情報システム，3年後のITインフラのリプレイスなどに合わせて，タイムリーに監査を実施する必要がある。監査案件は，監査資源を効率的かつ有効に投入するためにリスクの大きい領域から選定する（リスクアプローチ）。また，システム開発案件の企画・開発・運用・保守というライフサイクルに沿って，プロセスごとに監査を実施する場合もある。このようなシステム開発のプロセスに合わせて監査を実施すれば，経営者が関心をもっているテーマについて，タイムリーにシステム監査の結果を報告することができ，大きな問題（リスク）が発生する前に改善することができる。

　なお，中長期監査計画では，実施する監査テーマだけではなく，システム監査担当部門の強化（システム監査人の要員数，教育・研修，監査ツールの導入など）につながる計画も載せておくとよい。また，システム監査担当部門としての基本方針や理念を明確にしておくとよい。

(2) 年度監査計画

　年度監査計画（年次監査計画）は，中長期システム監査計画に基づいて，当該年度に実施する予定の監査案件を検討し，社内外の状況変化を勘案したうえで，リスクアプローチによって最終的に実施するシステム監査案件を決定する。当該年度に実施するシステム監査案件については，監査目的，主要監査項目，実施時期，担当者，予算などをまとめる。

　中長期監査計画は，内部監査の中長期的な視点での方針および計画を示したものであるため，必ずしも具体性は必要ないが，年次監査計画の場合には，当該年度の実行計画なので，監査テーマ，主要監査項目，実施時期，監査担当者などの具体性が求められる。したがって，同一の監査担当者が同時期に複数案件を担当して監査を実施できないといったことがあってはならない。

　また，会計監査，業務監査，コンプライアンス監査，環境監査，品質監査など，他の内部監査との連携を図り，監査テーマ，監査項目，実施時期，監査対象部門などを調整する必要がある。他の監査と連携を図った方が，より付加価値の高い監査を効率的，効果的に実施することができる。例えば，会計情報システムを監査する場合には，システム監査はシステムの機能面から監査（システム担当者，システムオーナの視点から監査）し，会計監査は会計実務（システムユーザ）の視点から監査するとよい。なお，監査の統合については，第13章で詳しく述べる。

(3) 個別監査実施計画

　個別監査実施計画とは，販売情報システムの監査や情報セキュリティの監査といった，監査案件ごとに実施する計画のことである。年次監査計画で定めた監査案件について，具体的な内容を定めたものである。実際の監査は，個別監査実施計画に沿って行われる。個別監査実施計画では，監査案件について，監査実施通知の送付，予備調査，本調査，監査報告という一連の監査手順について，その日程や担当者などを決める。また，往査部門や重点監査テーマなどについても決定する。

監査対象とする部門や情報システムなどの検討においては，リスク分析を行って，どこにどのようなリスクがあるのかを把握する。

2.3 予備調査

(1) 予備調査の役割

予備調査は，監査対象システムや部門などについて，その概要を把握するために実施する。また，リスク評価を行い，個別監査実施計画で定めた往査部門や監査対象範囲（アプリケーションシステム，対象月分，対象データなど）が適切かどうかを判断する。必要があれば，往査部門や監査対象範囲の見直しを行う。

予備調査では，いきなり詳細な内容を調べようとするのではなく，監査対象システムや部門などの全体像を把握し，どこにどのようなリスクがあるのかを調べることが大切である。また，残存リスク（残余リスク），固有リスクの大きさを評価する。

(2) 事前質問票

事前質問票は，健康診断を受けるときや病院で診察を受けるときの問診票に似ている。どのような症状があるのか，睡眠時間や通勤時間などの日常生活はどうか，既往症はあるのかなどについて，問診票に記入し，医師はその結果をみながら必要な質問を行うが，システム監査の場合も同様の方法をとるとよい。

予備調査での事前調査票には，例えば，次のような事項を盛り込む。また，裏付けとなる資料を添付して提出するように求めるとよい。

- 組織図，業務分掌
- ITの責任者・担当者の有無，部署・氏名など
- アプリケーションシステムの名称，主要機能，規模，ユーザ数など
  クラウドサービスなどの外部サービスの利用状況

- IT計画，直近の実績
- IT関係の投資額，経費，人件費など
- 個人情報（データ），マイナンバーの有無
- 外部委託の状況（業務内容，委託先など）
- ITに関する規程やマニュアル
- 情報セキュリティポリシー
- プライバシーポリシー
- ISMS（ISO/IEC27001），プライバシーマーク，ISO9001などの認証取得状況，マネジメントシステムの内部監査や審査での指摘事項

　なお，情報セキュリティポリシーやプライバシーポリシーについては，子会社に対して求めるのはよいが，社内の部門について求めるのは適切ではない。なぜならば，監査部門は，自社の情報セキュリティポリシーやプライバシーポリシーを把握しているはずだからである。

　事前調査票を用いない場合には，予備調査で監査対象部門を訪問し，その場で質問をしなければならないので，監査対象部門では，どのような質問が行われるのかわからずに不安感をもつとともに，質問に対する答えや資料の準備などに手間取り，監査効率が低くなる。一方，事前調査票を利用すれば，監査対象部門も事前に準備ができ，質問される内容も事前にわかるので，システム監査に対する不要な不安感がなくなり，システム監査を進めやすくなる。さらに，事前調査票の提出時に，裏付け資料を添付してもらえば，本調査で行うべき監査手続を簡略化できるので効率的に監査を実施できる。

(3) 監査手続書の作成

　個別監査実施計画および予備調査の結果に基づいて，監査手続書を策定する。システム監査で用いる監査手続書は，内部監査で用いられているものとほぼ同じである。異なる点は，監査項目がIT関係の事項であること，監査技法にITを利用したものがあること，監査資料にシステム関係の文書・帳票が多いといった点である。

監査手続書と類似の用語として，監査チェックリストがある。監査チェックリストには，監査におけるチェックポイントが記載されるのに対して，監査手続書には，チェックポイントのほかに，チェックポイントで示された内容をどのように立証するのか，その監査方法（監査技法）が示されている点に違いある。しかし，実務上，必ずしも両者を明確に区別しているとは限らない。

システム監査手続書は，**図表4-7**のようなイメージで作成される。表の右側に示すように監査証拠や監査結果を記入して，用いることが多いようである。企業によって監査手続書の内容はさまざまである。また，テーマ監査の場合の監査手続書と，企業全体や事業部全体におけるITガバナンスの監査をする場合とでは，監査目的および監査項目が異なるので，当然のことなが

◎図表4-7　システム監査手続書のイメージ◎

監査項目	監査手続	監査証拠	監査結果
体制	ITに関する担当部門・責任者が明確になっているか，組織図で確かめる。 IT担当者が複数いるか，業務分担表などを入手して確かめる。 担当者の出張・病欠時などの対応をインタビューで確かめる。	組織図，業務分掌，業務分担表	ITに関する担当部門は，情報システム部，責任者は同部長であり明確になっていることを，組織図および業務分掌をレビューして確かめた。
規程の整備	ITに関する規程やマニュアルが整備されているか，規程やマニュアルを入手して確かめる。	システム開発規程，運用規程	（略）
IT計画の策定	ITに関する計画が策定されているか，事業計画，IT計画などを入手して確かめる。 IT計画と事業計画の整合性，システムのリプレイスなどの考慮についても確かめる。	事業計画，IT計画	（略）
（以下略）			

ら監査手続書の内容も異なる。

　なお，監査手続については，第6章で詳しく説明する。また，本書の巻末に**システム監査手続書（例）**を付録として掲載しているので参照されたい。

2.4 本調査

　本調査は，監査手続書に従って監査手続を実施することである。また，現地に出向いて監査を行うことから往査と呼ばれたり，現物を実際に確認することから実査と呼ばれることもある。本調査では，監査対象部門を訪問して，システム開発・運用・保守の状況を内部監査人自身の目でみて確かめたり，外部委託先に実施状況をインタビューして確かめたりする。書類や図面などを調べただけでは，実態を適切に検証・評価できないので，システム監査人が必ず自分の目でみて確かめなければならない。

　本調査に先立って，監査対象部門との監査日程の調整が必要になる。もちろん，監査対象部門の責任者に監査を実施する旨の通知を発信しなければならない。本調査の日程は，通常の内部監査と同じように監査対象部門の業務負荷が増大しないように注意する。また，IT担当者は，必ずしも人数が多くなく，特定の担当者に偏ることがあるので，IT担当者の業務実施状況を把握したうえで，監査日程を調整するとよい。さらに，外部委託先の担当者がいなければ，説明ができない事業部，部門，アプリケーションシステムがあるので，外部委託先との日程調整が必要になる場合もある。

　本調査は，簡単にいえば，監査証拠の収集活動である。監査といえば指摘するものだと思われがちだが，業務が適切に実施されていることを確認する活動でもある。つまり，システム監査には，ITが適切に利用されていることや情報セキュリティポリシーどおりに実施されていることの確認も含まれる。ITガバナンス，リスクマネジメント，IT統制などが適切に構築され有効に機能していることを証明することもシステム監査人の重要な役割であることを，監査対象部門はもとより経営者に対しても説明し認識してもらうこ

◎図表4-8　監査証拠の収集◎

説得力（客観性）

効率的な収集

→ 監査証拠 → 監査意見（報告書）

とが重要である。

　何かを指摘することがシステム監査の役割だと経営者が誤って認識している場合には，監査での指摘件数だけでシステム監査人を評価してしまうおそれがある。専門性の高いシステム監査人が監査を実施して，何も指摘がない場合には，監査対象部門で適切に業務が遂行されていることを証明していることを経営者に理解してもらうように注意しなければならない。

　監査証拠は，監査人の意見表明（立証プロセス）にとって不可欠であり，監査において非常に重要である（図表4-8参照）。したがって，説得力のある監査証拠を効率的に収集することが，効率的な監査を実施するために必要である。監査証拠の収集において，特に難しいことは，「ないこと」や「実施していないこと」の証明である。「ないこと」の証明は，悪魔の証明とも呼ばれている。監査対象部門からの反論を予防するために，電子メールでの確認や議事録を残すことや，複数者への確認などを行う必要がある。

2.5 監査報告（評価・結論）

　評価・結論とは，システム監査人が監査の結果について意見表明することである。通常，システム監査報告書として監査結果がまとめられる。システム監査報告書の書式例はシステム監査に関する文献などに示されているが，実際には，システム監査報告書の書式は，企業によってまちまちである。文章形式の報告書もあれば，表形式の報告書，プレゼンテーションソフトによ

る報告書もある。記載方法も，比較的長文のものや短文のもの，箇条書きのものなど，さまざまである。さらに，企業によっては，英語版と日本語版を併記した監査報告書を作成している場合もある。このように，システム監査報告書は，組織体の企業文化や特徴に合わせて，多様な工夫をしている。

　ところで，システム監査人にとって，発見した事実を監査報告書に記載するかどうかは非常に重要で悩ましい課題である。システム監査人は，発見した事項のすべてを監査報告書に記載すべきではない。些細な発見事項から経営上重要な意味をもつ発見事項まで，すべての発見事項を記載したのでは，経営者は何が重要なのかわかりにくいし，経営者が読む必要のない事項も読まなくてはならないからである。そこで，システム監査人には，発見した事項が経営上，重要な事項なのかどうかを判断する能力が求められる。

2.6 フォローアップ

　フォローアップは，システム監査で改善提案を受けた事項が適切に改善されているかどうかを確かめる業務である。改善が必要な事項については，監査報告を受けた後に，監査対象部門から改善実施報告（計画）が経営者に対して報告される。システム監査人は，提出された改善実施報告に誤りがないか，改善実施計画が確実に実施されたかどうかを確かめる。

　経済産業省「システム監査基準」では，「監査報告書に改善提案が記載されている場合，適切な措置が，適時に講じられているかどうかを確認するために，改善計画及びその実施状況に関する情報を収集し，改善状況をモニタリングしなければならない。監査報告書に改善計画が記載されている場合も同様にその実施状況をモニタリングしなければならない。」（基準12）としている。

　なお，改善実施報告（計画）は，理論的には経営者に提出されるものであるが，実務的には内部監査部門長に提出または内部監査部門長経由で経営者に報告されることも少なくない。この場合には，システム監査人がその内容を確認し，不明な点の修正などを依頼したうえで，経営者に報告する。

システム監査の付加価値は，ITに関する業務の改善や，ITの利用促進などにあり，ITガバナンスの改善・強化にあるといってもよい。これを実現するためには，監査での指摘事項が確実に改善されなければならない。改善が行われないようなシステム監査では，そもそもシステム監査を実施するだけ無駄である。この点を十分に留意してフォローアップを実施する必要がある。

3　システム監査の実務上の留意点

3.1　監査テーマの選定

（1）システム監査の対象項目および監査テーマ

　システム監査は，テーマ監査として実施されることが少なくない。一般社団法人日本内部監査協会の調査によれば，**図表4-9**に示すような項目について，システム監査が実施されている。また，具体的なテーマについては，**図表4-10**に示すようなものがある。

◎図表4-9　システム監査の対象項目◎

（単位：％）

対象項目	2017年	2014年	2010年	2007年	2003年	2000年	1997年
情報セキュリティ管理	88.1	85.5	87.6	78.4	83.6	—	—
設備・機器の保全管理	59.6	58.5	62.6	64.5	62.4	18.6	45.9
安全・災害対策（コンティンジェンシープラン）	58.3	58.1	60.2	65.1	66.9	23.5	57.4
情報システム部門の組織・体制	63.0	57.9	60.9	60.2	58.6	20.9	51.5
システムの企画・設計・開発管理	58.5	57.7	60.0	53.7	48.4	23.3	46.2
ネットワークの管理体制	60.1	56.4	59.2	64.1	55.6	18.6	—
情報システム戦略の全社的方針との整合性	55.2	55.0	59.5	51.6	51.4	38.1	—
外部委託	50.6	48.5	48.3	44.2	30.9	6.4	—

出所：（一社）日本内部監査協会『第19回監査総合実態調査（2017年監査白書）集計編』2018年8月および『2007年監査白書』2008年6月に基づいて作成。

◎図表4-10　システム監査のテーマ（例）◎

分類	テーマ（例）
全般的事項	• ICTガバナンス（投資判定プロセス，部署間連携，DX推進） • ITガバナンスの適切性 • ITガバナンス整備―システム管理基準との比較 • DXによる業務効率化推進状況の検証（IT部門のDX推進に対する取組方針，DXに対するグループ会社の取組状況，外部からのIT人財確保に向けた採用計画の重要性） • DX推進にともなうリスクとその管理状況
システム開発	• 基幹会計システム及びサブシステム導入・保守管理業務の妥当性―システム導入・変更時の購買手続，システム作動の正確性 • 基幹システムの整備・更新―計画と実績妥当性 • 営業店システム更改プロジェクト • システム品質の管理 • 基幹システムや開発案件の進捗状況 • システム開発・導入手続（システム開発・導入時の予算管理部門・システム部門への申請有無）
システム運用・保守	• クラウド型ソフトウェア運用管理態勢 • システムトラブルリスクへの対応 • 他行のシステム障害を踏まえた対応状況の適切性・有効性 • 大規模システム障害の他社事例等を踏まえた当社グループのシステム運用管理態勢の整備状況 • サーバ設置状況，外部メモリー管理，ウィルスソフト確認，ソフトウェアライセンス管理 • 権限管理（アクセス権付与の妥当性，権限分離状況，特権ID管理の妥当性）
システムの利用	• ノートPC利用状況（ノートPCの利用状況調査，ノートPCに関する運用面の課題抽出） • 利用者に係るITセキュリティ対策（利用者への周知，社用情報機器・社用可搬記憶媒体の管理，クラウドサービス利用の管理） • 退職予定者に対する管理，紛失・事故時の対応状況，教育状況 • IT機器管理
情報セキュリティ／サイバーセキュリティ	• 情報セキュリティ（パソコン・USB等の記憶媒体の管理，ID管理等） • ISO27001 • 情報セキュリティ，規程等への準拠性，業務実施の適切性等 • サイバーセキュリティ管理態勢の適切性（サイバーセキュリティ高度化に向けた取組状況，サイバーインシデントへの対応態勢） • 情報セキュリティマネジメントシステム（ISMS）の適切性・有効性―ISMSの管理水準，有効性とISO規格への適合状況 • ガス工作物の制御系システムセキュリティの確保状況 • スマートメーターシステムのセキュリティ • PCI DSS対応（統合DB開発の経緯検証） • サイバーセキュリティ・サイバーBCP（経営層の取組，管理組織・体制整備，サイバー攻撃の初動対応体制／復旧，入口・内部・出口対策（顧客保護），不正検知・犯罪防止策（顧客保護・啓発），脆弱性管理，コンティンジェンシープランの策定及び訓練，役職員向けセキュリティ教育）
個人情報保護	• 個人情報保護 • 個人・顧客情報管理業務教育と管理（情報管理教育，情報漏えい防止策履行確認（スクリーンセーバー・パスワード管理），パソコン，情報資料等の保管状況）

内部統制	・IT全社・全般統制，IT業務プロセス統制 ・J-SOX─IT統制評価 ・IT全般統制（ITGC）・IT業務処理統制（ITAC）全般─プログラムとデータへのアクセス権限，プログラム変更，プログラム開発）
関係会社 ／外部委 託管理	・海外子会社の情報漏えい対策 ・インシデント管理，外部委託先の管理 ・リニューアル後の一般顧客向け当社会員サイトのセキュリティ（会員管理の委託先企業，会員情報の漏えい対策，セキュリティテストの実施状況，会員情報のバックアップ体制）
その他	・ソフトウェア資産の管理状況（ライセンス違反の防止（仕組と運用状況，資産管理の効率化状況）） ・RPAの導入対応・計画・リスク対応 ・RPA活用に係る管理態勢（RPA管理態勢，RPA進捗状況及び導入効果） ・SNS・ホームページの管理状況（利用状況，管理者権限，炎上対応）

出所：一般社団法人日本内部監査協会『第66回内部監査実施状況調査結果─2021年度（2021年4月〜2022年3月）における各社の内部監査テーマ・要点集』および『第65回内部監査実施状況調査結果─2020年度（2020年4月〜2021年3月）における各社の内部監査テーマ・要点集』に基づいて作成

（2）監査テーマの選定

　システム監査の場合には，テーマ監査として実施されることが少なくない。テーマ監査の場合には，テーマ選択の良否によって，システム監査の付加価値に大きな差が生じるので，テーマ選定を慎重に行う必要がある。

　テーマ選定は，監査対象領域を選定することであり，リスクアプローチで行われる。つまり，自社にとってリスクの大きなテーマを選定するということである。しかし，リスク（対策を講じる前の固有リスク）の大きなテーマを選定しても，必ずしも経営に役立つ改善提案を行うことができるとは限らない。なぜならば，リスクの大きなテーマについては，経営者や監査対象部門の管理者も常日頃関心をもって管理しており，必要な対策（コントロール）を講じていることが多いからである（**図表4-11参照**）。コンプライアンスや情報セキュリティなどをテーマにする場合には，残余リスクの大きな領域を監査テーマとするとよい。

　監査テーマの選定では，例えば，次のような点を考慮するとよい。

①　経営者が関心をもっているテーマは何か。

②　社会で注目を集めているテーマは何か。

③　他社でどのようなITにかかわる事故や問題が発生しているか。

◎図表4-11　監査テーマの選定とリスク◎

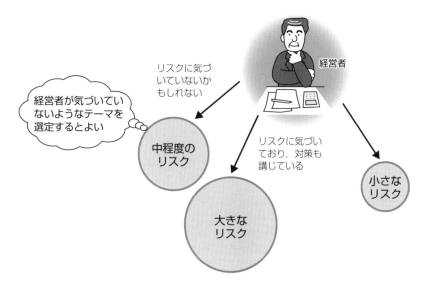

④　新しく稼働したアプリケーションシステムがあるか。

⑤　IT戦略（または経営戦略）において大きな施策となっているIT導入は何か。

⑥　顧客や社内ユーザなどからの要望や苦情の多いアプリケーションシステムがあるか。

⑦　法令やガイドラインの改正によって大きな影響を受けるアプリケーションシステムがあるか。

⑧　開発投資額・運営経費の大きなシステムがあるか。

⑨　老朽化したシステムがないか。

⑩　新技術を使ったシステムがないか。

3.2 監査視点の選定

システム監査は，さまざまな視点から実施される。監査視点とは，監査対

象の情報システムや部門などを検証・評価するさいの視点のことである。経済産業省「システム監査基準」では，基準の策定時から2004年の改訂前まで，「安全性」，「信頼性」および「効率性」の3つの視点から監査が実施されていた。これら3つの視点が高位の監査視点になるが，実際の監査では，これらを細分化して監査視点を設定してきた。2004年以降のシステム監査基準およびシステム管理基準では，ITガバナンスおよびITマネジメントが監査視点になる。

COBIT4.1の「情報要請規準」では，①有効性，②効率性，③完全性，④信頼性，⑤可用性，⑥機密性，⑦コンプライアンスの7つをあげている。またCOBIT2019では，情報品質規準として，本質的なもの（正確性，客観性，信頼性，評判），文脈に応じたもの（関連性，完全性，最新性，適切性，情報量，簡潔さ，一貫性のあるデータフォーマット，解釈可能性，わかりやすさ，使いやすさ，操作性），セキュリティ/プライバシー/アクセシビリティに関するもの（可用性，アクセス制限）に整理している。これらをシステム監査の視点とするとよい。

監査視点については，すべて同じウエイトにするとは限らない。例えば，「情報要請規準」のすべてについて同じウエイトで監査を実施するのではなく，軽重を付けて監査視点を設定する。監査資源（システム監査人の人数，監査期間，予算など）には制約があるので，重点をおく監査視点や省略する監査視点が発生する。また，有効性については，経営者にとっての有効性なのか，エンドユーザにとっての有効性なのか，というように監査視点を細分化しなければならない。

監査視点は，監査目的と密接な関係にあり，監査目的と連携のとれた監査視点を設定することが重要である。例えば，「営業支援システムが有効に活用されているかどうかを検証・評価する」という監査目的を設定した場合には，有効性を監査視点とすることになる。さらに，有効性は，投資対効果（投資採算性），システム化目的の達成度，システムの利用度などの，監査視点に細分化される。

第5章 システム監査における リスクアプローチ

 ## 1 リスクアプローチの目的

　すべての情報システムを対象にして監査を実施することは，システム監査人の人数，経験・スキルなどの制約から現実には難しい。そこで，監査対象を絞り込んで監査を実施することが求められる。監査対象を絞り込む方法の1つが，リスクアプローチである。リスクアプローチでは，リスクの大きな領域を監査対象にして監査を実施する。例えば，年間で3つの情報システムしか監査できないのであれば，リスクの大きな情報システムを上位から3つ選択し，それを対象にして監査を実施するということになる。つまり，リスクアプローチは，監査資源を効率的に利用して監査を実施するために，監査対象領域を絞り込むために用いられる手法である。

　リスクアプローチで監査対象を決定することについて，システム監査基準は，次のように定めている。

　「システム監査を<u>効果的かつ効率的に実施</u>するために，適切な監査計画が策定されなければならない。

　監査計画は，主として<u>リスク・アプローチ</u>に基づいて策定する。

　監査計画は，リスク等の状況の変化に応じて適時適切に見直し，変更されなければならない。」（基準6，下線は筆者）と説明している。また，「システム監査におけるリスク・アプローチとは，ITシステムに係る<u>リスクの大きさに応じて監査の人員や時間を充てる</u>ことにより，監査を効果的かつ効率的に行う監査の実施方法である。」（基準6の解釈指針より。下線は

筆者）

　リスクアプローチは，年度（中長期）監査計画の策定時と，個別監査実施計画の策定時に実施される。年度（中長期）監査計画では，当該年度（期間中）に実施する監査対象システム，監査対象部門，監査対象テーマを決定するときに，リスクアプローチで対象を決める。また，個別監査実施計画で重点監査テーマや重点監査項目等を決定する際には，リスクアプローチによって対象を決める。

2　リスクアプローチのメリットと留意点

　リスクアプローチは，限られた監査資源を有効かつ効率的に監査業務に投入できるというメリットがある。また，監査対象を適切に絞りこんで監査計画を策定したということの合理的な根拠にすることができる。リスクアプローチによる監査を実施すれば，内部監査基準やIIAの国際基準に従った監査を実施したことになるので，一般に公正妥当と認められた監査基準に従ってシステム監査あるいは内部監査を実施したことにもなる。

　適切なリスクアプローチによる監査を実施するためには，リスク評価を適切に実施することが前提になる。リスク評価が適切に行われていなければ，監査対象領域を適切に選定したことにはならないからである。例えば，リスク評価を行うときの評価項目が適切でなかった，リスクの大きさの評価が誤っていた（リスクの把握漏れを含む），といったことがあれば，重要なリスクに対する監査を実施しないことになってしまうからである。

　なお，リスクアプローチは，指摘事項を発見するための方法論ではないことにも注意しなければならない。リスクが大きな領域であっても，それに対するコントロールが適切に構築され運用されていれば，問題はないからである。

3 ITリスクの種類

　リスクを適切に把握できなければ，リスクアプローチによる監査計画を適切に策定できない。ここでは，リスクの意味を検討する。リスクには，「危険」とか「不確実性」という意味があるが，リスクという言葉を用いる人によってさまざまな意味で受け取られている。例えば，貸倒リスク，為替変動リスク，原材料価格の変動，生産設備の事故，品質不良といったリスクのほかに，システム監査で着目されるシステム開発の遅延・失敗，システム運用ミス，システム障害，不正アクセス，情報漏えい，コンピュータウィルス感染などのリスクがある（**図表5-1参照**）。リスクを用いる人のバックグラウンド，業

◎図表5-1　ITリスクの種類（例）◎

種類	内容
ITガバナンスに係るリスク	取締役（会）への不正確な報告，取締役会への報告の遅延
IT戦略・IT計画に係るリスク	経営戦略との不整合，IT戦略・計画が不適切なことによる重複投資・重複経費・投資遅延等
IT推進体制に係るリスク	不明確な責任・権限，IT人材の不足・技術不足等
システム開発に係るリスク	システム開発の失敗・遅延，システム開発費の増大，システム開発目的が達成されない，品質不良（バグ），開発ノウハウの流出，知的財産権が確保されない等
システム運用に係るリスク	オペレーションミス，システム障害（ソフトウェア，ハードウェア，ネットワーク），変更管理の不備，不正アクセス，情報漏えい，非効率な運用，運用コストの増大，不十分なユーザサポート等
システム保守に係るリスク	保守作業の遅延，品質不良（保守ミス，バグ），保守コストの増大等
外部委託・外部サービスの利用に係るリスク	委託先の不適切な選定，品質不良（技術不足），委託先の倒産・事業撤退，情報漏えい，クラウドサービスの選定ミス，ベンダーロックイン等
災害に係るリスク	地震，風水害，雷害などの自然災害と，破壊・犯罪・テロなどの人的災害

種・企業などによって，重点を置くリスクが異なる点に注意するとよい。

　システム監査では，リスクが適切に把握され，必要なリスク対策（コントロール）が実装され，機能しているかどうかを確かめることになる。

4 リスクアプローチによる監査プロセス

　リスクアプローチによる監査では，当然のことながらリスク評価が前提となる。リスク評価は，**図表5-2**のようなプロセスで行われる。リスク評価では，組織体の目標，すなわち利益目標，コンプライアンスの確保，情報セキュリティの確保，個人情報保護，財務報告の信頼性・正確性の確保などを把握する。その後，組織体の目標達成を阻害する要因や可能性について，どのようなものがどこに存在しているのかを洗い出す。これがリスク分析である。

　リスクを把握した後，把握したリスクの大きさを評価する。リスクが大きいのか，小さいのかを評価するのである。リスクの大きさは，一般的に影響

◎図表5-2　リスク評価の手順◎

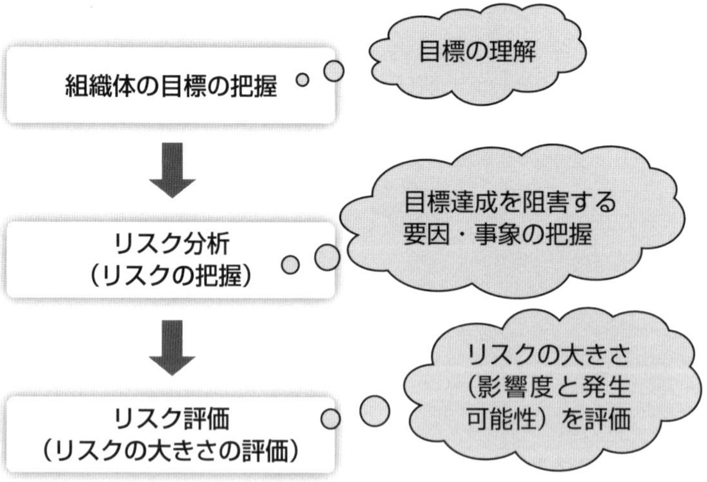

```
　組織体の目標の把握    ○ ○ ──→  （目標の理解）

          ↓

　　リスク分析          ○ ○ ──→  （目標達成を阻害する
（リスクの把握）                     要因・事象の把握）

          ↓

　　リスク評価          ○ ○ ──→  （リスクの大きさ
（リスクの大きさの評価）              （影響度と発生
                                    可能性）を評価）
```

度と発生可能性の積で表される。リスクが実際に発生した場合に，組織体にどのような影響を及ぼすのかが，影響度である。金額評価ができればわかりやすいが，金額評価あるいは定量評価できない場合も多い。発生可能性は，毎日発生するのか，週1回か，月1回か，年1回か，数年あるいは数十年に1回かということである。

　実務的には，影響度と発生可能性を3〜5段階程度で評価することが多い。例えば，影響度が「3」，発生可能性が「1」というような場合には，リスクの大きさは，3×1＝3と評価される。影響度が，○○億円以上の場合には，「3（影響度大）」というような評価基準を設定している場合もあるが，必ずしも厳密に行われていないのが実態である。これは，金額評価や正確な発生確率の評価が難しいからである。
　リスク評価を実施する際には，影響度や発生可能性を厳密に行いすぎないようにしなければならない。リスク評価自体が目的ではなく，リスク評価は，監査対象領域を選定するときの優先順位付けの方法だからである。

5 固有リスクと残余リスク

　リスクに対しては，リスクを低減するための対策（コントロール）が講じられるが，コントロールを講じる前のリスクを固有リスクといい，コントロールを講じた後のリスクを残余リスクという（**図表5-3参照**）。なお，コントロールを講じれば，リスクの大きさは低減するはずなので，システム監査人はリスクの大きさが低減していないコントロールを発見したら，当該コントロールが有効でないことを指摘や改善提案する必要がある。

◎図表5-3　固有リスクと残余リスクの関係◎

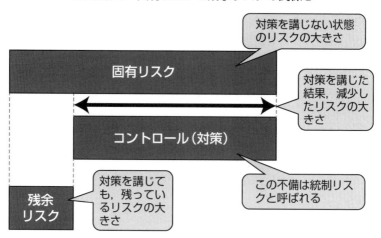

 6　リスク評価の具体的な方法

（1）リスク評価の対象

　システム監査のリスク評価の対象としては，次のようなものがあげられる。業務システムや利用部門等の他に，アクセス管理や外部委託管理などのトピックを評価対象としてもよい。また，これらを一緒に評価するという方法もある。各社のシステム監査の目的に応じて，評価対象項目を決めるとよい。

- 業務システム（販売情報システム，生産管理システム，物流情報システム，購買情報システム，人事情報システム，給与システム，会計情報システム等）
- 部門（IT部門，システムユーザ部門，システムオーナ部門等）
- IT基盤（サーバ，クライアント，ネットワーク等）
- 監査テーマ（例：個人情報保護，アクセス管理，不正アクセス対策，外部委託管理等）

(2) リスク評価項目

　システム監査におけるリスク評価は，例えば，次のような項目で行うとよい。

- システム規模（ステップ数，ファンクション数，開発費・運用費等）
- システムユーザ数，利用者の内容（社内，取引先，顧客，不特定多数）
- 端末数
- データ件数
- 外部接続の有無，社会的影響度
- 情報（データ）の種類（調達情報，個人情報，企業秘密等）
- 前回監査からの経過期間
- システムの老朽度（稼働後年数）
- 外部サービスの利用状況
- 外部委託の状況

(3) コントロールの状況

　コントロールが実装されているか，コントロールが適切に運用されているかを評価する。

(4) 評価方法

　影響度（損失額），発生可能性について，3～5段階で行う。また，コントロールの状況についても同様に3～5段階で行う。リスク評価は，**図表5-4**に示すようなイメージで行われる。なお，リスク評価は，影響度と発生可能性の積で行われるが，**図表5-4**では，その結果だけを示している。リスク評価の合計が大きいものから監査対象にする。どこまでを監査対象にするのかは，監査リソース（監査人の人数等）で決まる。

◎図表5-4　リスク評価のイメージ◎

	規模	ユーザ数	外部接続	情報の種類	…	計
販売情報システム	5	5	3	5		45
購買情報システム	3	3	3	5		30
在庫管理システム	3	3	3	3		25
財務会計システム	3	1	1	5		20
管理会計システム	3	1	1	3		15
…						

(注) 5：リスク大　3：リスク中　1：リスク小

コラム⑦　リスク評価を詳細にやりすぎないこと

　リスク評価では，リスクが顕在化したときの影響度と，リスクの発生可能性の掛け算でリスクの大きさを求める。しかし，影響度を正確に金額評価できるわけではない。また，発生可能性を厳密に見積もることも非現実的である。そこで，どうしても主観的にリスク評価を行わなければならなくなる。

　リスク評価は，監査資源を優先順位をつけて配分するための手法である。あまり厳密に行いすぎても意味がないことに注意しなければならない。リスク評価にかける工数と，予備調査や本調査等の監査実施にかける工数とのバランスを考えて，リスク評価を行う必要がある。例えば，リスク評価に1か月も2か月もかけてしまうと，その分だけ監査実施のための監査資源を消費してしまうからである。

第6章

システム監査の監査手続と技法

1 監査手続の重要性

1.1 監査項目（監査要点）と監査技法

　監査手続は，監査項目（監査要点）とそれを確かめるための手法（監査技法）のセットのことを指している。簡単にいえば，「…が行われていること」あるいは「…が行われているかどうか」を「どのようにして確かめるか」を整理したものである。

　システム監査に限らず監査（本調査）は，監査手続書に沿って実施されるので，本調査の基礎となる監査手続書の品質によって，監査の品質も大きく左右されることになる。監査手続書を適切に作成できるようになれば，優秀なシステム監査人だといっても過言ではない。

　監査目的を達成するためには，監査目的を証明するための監査項目を証明する必要がある。例えば，「情報セキュリティが確保されているかどうかを確かめる」という監査目的の場合には，情報セキュリティを構成する3つの要素である「機密性が確保されていること」，「可用性が確保されていること」，「インテグリティ（完全性）が確保されていること」という3つの監査項目を証明しなければならない（**図表6-1**参照）。さらに，「機密性が確保されていること」を証明するためには，「データベースの機密性が確保されていること」，「媒体の機密性が確保されていること」，「クライアントパソコンの機密性が確保されていること」，「サーバの機密性が確保されていること」など

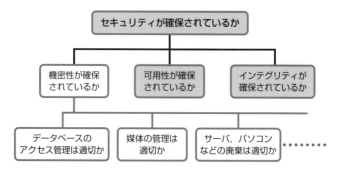

◎図表6-1　監査目的と監査項目の考え方◎

を確かめなければならない。

　このように監査目的を達成するためには，その裏付けとなる事項をすべて
確かめなければならないのである。このような意味で，監査は，監査目的に
ついての「証明活動」ということができる。

　監査項目は，次のような点に留意して設定するとよい。

- 監査目的をブレイクダウンする（監査目的を証明するには，何を調べた
　らよいか）。
- 重要な項目（リスクの大きな項目）に絞り込む。
- 監査目的（監査テーマ）と関係の薄い監査項目は除外する。
- 監査の途中で追加，削除できるようにする。
- 監査目的と企業環境（ビジネスプロセス，IT環境など）を考慮して監
　査基準の項目を修正して利用する。

　監査技法は，証明するための裏付け（監査証拠）を収集する方法といえる。
監査証拠には，**図表6-2**のようにさまざまな種類のものがある。監査で収集
する証拠は，口頭証拠や文書証拠が中心であるが，IT化の進展にともなっ
て電子証拠（電子化された証拠を含む）も多くなっている。

◎図表6-2　監査証拠の例◎

分類	内容
システム企画・設計資料	システム化計画書，要件定義書，基本設計書，詳細設計書，外部設計書，内部設計書，データベース設計書，コード設計書，プログラム設計書　など
プロジェクト管理資料	プロジェクト計画書，進捗管理資料，課題管理表，リスク管理表，変更管理表，品質管理資料　など
議事録	プロジェクト管理，運用管理，保守管理などの各種会議の議事録
インタビュー記録	関係者へのインタビュー記録
システムログ	アクセスログ，ジョブ実行ログ　など
マスタ・データ	部門マスタ，勘定科目マスタ，商品マスタ，社員マスタ　など
トランザクション	売上データ，仕訳（会計）データ，勤怠データ　など
写真・映像	開発・運用場所，サーバやクライアントなどの設置・保管状況を撮影したもの，監視カメラの映像　など
音声	コールセンターでの応対記録，インタビューの録音　など
伝票・書類	契約書，システム変更・保守の依頼書・報告書，業務引継記録，支払伝票，入館者名簿，稟議書，教育・研修会の開催通知・開催記録　など

1.2　監査項目（監査要点）の設定方法

（1）監査項目と監査目的の関係

　監査項目の設定は，監査目的の達成を左右するだけではなく，達成にかかわる作業工数（効率性）にも大きな影響を及ぼす。システム監査に限らず監査では，監査資源（監査人の人数，監査期間など）の制約の範囲内で監査を実施しなければならない。そこで，監査目的の的確な設定が重要になる。特に，システム監査の場合には，内部統制監査におけるIT統制の有効性監査と比較すると，監査目的が多様であることから，監査目的の設定は非常に難しい。システム監査は，ITガバナンスを検証・評価することを目的としているが，ITガバナンスの範囲が広く，戦略性，有効性，効率性，セキュリティなど多様な視点から監査しなければならないので，何が重要なのかを検

討したうえで監査目的を設定しなければならない。そこで，システム監査人には，監査目的を的確に設定する能力が求められる。

（2）監査目的の設定

　監査目的は，監査で確かめたいこと（証明したいこと）であり，監査対象領域や監査視点をふまえて検討する。監査対象領域とは，システム監査の対象とする個々のアプリケーションシステム，ITインフラ，IT部門・システムオーナ部門・システムユーザ部門・プロセスオーナ部門（主管部門）などの部門，システム開発プロジェクトなどの具体的なシステム開発案件，企画・開発・運用・保守といったシステムのライフサイクルの各プロセスなどのことである。次に，これらの監査対象領域について，戦略性，有効性，効率性，セキュリティなどの監査視点を設定する。先に監査視点を設定してから，それに関係する部門，案件，プロセスを設定する場合もある。

（3）監査項目の設定

　監査目的を決めた後に，監査目的を細分化して監査項目を決める。監査目的を過度に細分化すれば，監査実施の負荷が高まってしまう。また，細分化が不十分な場合には，監査を実際に行う時に何を確かめればよいのかわからなくなり，監査技法の選択で悩むことになる。

　監査項目の設定においては，以下の点に留意する必要がある。

① 証明できない，あるいは証明が難しいことを監査項目にしない。例えば，「企業のすべてのセキュリティ対策の有効性を確かめる」，「自社のホームページに関するすべての利用者の満足度を確かめる」という監査項目を設定しない。

② 意味のないことを監査項目にしない。例えば，「販売情報システムに対する過去10年間のアクセスの適切性を確かめる」という監査項目を設定しない。古いアクセスログを調べる必要性がないからである。

③ 抽象的な監査項目にしない。「システムの有効性を確かめる」，「情報

セキュリティの適切性を確かめる」という具体的な監査対象が不明確な監査項目を設定しない。

1.3 監査手続と監査技法の関係

　監査手続は，監査項目と監査技法から構成される（**図表6-3参照**）。つまり，どのようなこと（監査項目，監査要点のこと）をどのような方法（監査技法）で確かめるのか，つまり，証明するかという手続のことである。監査手続は，監査項目と監査技法が適切に組み合わされることによって，監査目的の確実な達成と，その効率的な実現につながるのである。監査をうまく実施するためには，適切な監査手続を決めることが重要である。

　監査技法の選定においては，監査項目を確かめるためにどの監査技法が最も適切か検討することである。そのさいには，視察やドキュメントの閲覧（レビュー）のように簡単な監査技法を選定するようにする。監査ツール（データ分析ツール）を用いたアクセスログの分析には，スキルが必要になるので，スキルやノウハウを蓄積してから利用するとよい。

◎図表6-3　監査手続の意味◎

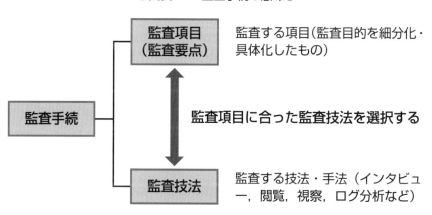

2 監査手続書の作成

2.1 システム監査基準／管理基準の活用法

　監査手続書の作成方法として，最も簡単な方法は，システム管理基準の管理項目をそのまま利用することである。COBITや情報セキュリティ管理基準などを利用してもよい。各種基準を利用すれば，経験の少ないシステム監査人でも比較的容易に監査手続書を作成することができる。しかし，自社の状況と合わない管理項目が含まれている場合もある。また，監査項目が広範にわたるので，限られた時間と要員数ですべての管理項目の実施状況を監査することができない。そこで，リスク評価を行ってリスクの小さい管理項目を監査項目から除く工夫も必要になる。

　システム管理基準に示された管理項目は，システムの企画，開発，運用，保守などのフェーズについて，管理すべき事項を網羅的に示したものである。したがって，企業によっては該当しない管理項目や，不足している，あるいは強化しなければならない管理項目もある。自社の状況とシステム管理基準に示された項目を比較検討する必要がある。自社のどの部分のリスクが大きくあるいは小さいのかを把握し，そのリスクに対応したシステム管理基準の管理項目を取捨選択，補足修正すればよいのである。

　ところで，システム管理基準とセットになる基準としてシステム監査基準がある。システム監査基準は，システム監査人の行為規範なので，監査手続書の作成には利用できない。システム監査基準は，システム監査規程やシステム監査マニュアル（システム監査手順を定めたもの）の策定で用いるとよい。

2.2 リスク図を用いた監査手続書の作成

　監査手続書の作成方法として，リスク図を活用する方法がある。リスク図

◎図表6-4　リスク図による監査手続書の作成◎

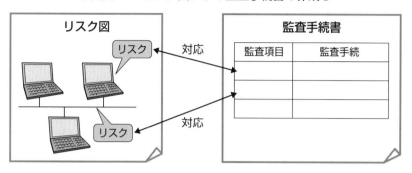

とは，監査対象となるシステムフロー，システム構築手順，ITインフラ，開発プロジェクト体制などを図に描き，システムの戦略性，効率性，有効性，機密性，完全性，可用性，コンプライアンスなどを阻害するリスクを書き込んだものである。システム監査は，リスク図に示されたリスクへの対応策（コントロール）が構築され，適切に運用されているかどうかを確かめるものである。したがって，リスク図に示されたリスクと，それに対応するコントロールを確かめる方法（監査手続）をまとめて文書にすれば，監査手続書となる（**図表6-4**参照）。

　なお，リスク図では，重要度の高いリスクを示しているので，リスク図には示していないが，システム監査で確かめなければならない事項がある場合もある。こうした場合には，監査手続書にリスクやコントロールを追加する必要がある。

2.3 監査手続書作成における留意点

　監査手続書は，監査を実施するさいの基礎となるものであり，監査手続書に従って監査を実施すれば，一定水準以上の知識やスキルを有するシステム監査人であれば，誰が監査を実施しても同じ結果につながるものである。つまり，同じような指摘が行われ，同様の監査報告書が作成されることになる。

しかし，監査実務においては，システム監査人の知識・スキル・経験等によって，指摘事項や改善提案に差が出ることになる。社内規程や業務マニュアルに関する準拠性の監査においては，大きな差が出ないかもしれないが，システムの有効活用や効率性の向上などを目指した有効性の監査や効率性の監査の場合には，大きな差が出る可能性が高い。

なお，準拠性監査においても，サンプリングによって，問題のある事項が発見されないケースもあるので，監査結果に差が出る可能性が少なくない。

> **コラム⑧** 有効性・効率性をどのように判断すればよいか
>
> システム監査において，有効性や効率性の適否を判断するときには，他の情報システムの状況や他社状況を把握して，それに基づいて実施することが現実的な対応である。例えば，システムの運用効率を判断するためには，サーバの稼働状況を他システムと比較したり，サーバ1台当たりの外部委託費を比較したりする方法がある。また，SE単価の妥当性を判断するためには，公表されている情報（一般社団法人情報システムユーザ協会「IT企業動向調査」や独立行政法人情報処理推進機構「ソフトウェア開発分析データ集」など）を参考にする方法もある。筆者もこうした情報を活用したり，社外の人脈を活用して有効性や効率性の判断を行った。システム監査人は，日頃からさまざまな情報システムに関する情報を収集し，社内外の状況に幅広く関心をもっておくと，有効性や効率性の判断を行うときに役立つ。

3 システム監査の技法

3.1 SACレポート

SACレポートとは，システム監査で利用される技法を調査して，その内容をまとめた報告書であり，システム監査技法の古典的な存在である。伝統

的なシステム監査の技法は，SACレポートで紹介されている。これらの監査技法は，システム開発や運用のなかで開発側あるいはユーザ側が業務管理のために実施している技法も少なくない。

　例えば，並行シミュレーション法は，開発したプログラムと監査人が作成したプログラムの処理結果を比較して，処理が正確かどうかを確かめる技法である。この手法は，システム開発側が処理の正確性をテストするために用いられる。また，組み込みモジュール法は，本番プログラムのなかに一定条件が成立する場合に当該データを警告データとして出力する方法である。現実には，異常なデータを発見し必要な対応をとることができるように本番システムに組み込まれ，ユーザの管理者がチェックのために利用している。

　現在では，SACレポートは，必ずしも一般的に使われるものではないので，システム監査人は，監査技法としてこのようなものもあるということを理解しておけばよいだろう。また，前述のようにシステム監査人ではなく，システム構築側やユーザ側が利用する監査技法もあるので，システム監査を実施するさいの基礎知識として考えればよい。

3.2 ISACA「IT監査および保証業務基準」の監査技法

　ISACAの「IT監査および保証業務基準」（*IT Audit Framework* (*ITAF*™)）では，Performance Guidelines 2205: Evidenceの2205.3.4において，「質問と確認」，「観察」，「検査」，「分析的手続」，「再計算/計算」，「再実施」，「一般的に認められたその他の方法」をあげている。また，証拠の評価（2205.4 Evaluating Evidence）において，企業内部から収集した証拠よりも第三者による証拠の方が，また，個人による表明よりも物理的な証拠の方が，信頼性が高いと説明している。

3.3 他の監査との相違点

　日本公認会計士協会は，監査手続について次のように説明している。「監査人が監査証拠を入手するために実施する手続のことである。どのような監査手続を採用するかを選択する「リスク評価手続」と，それを適用して実際に監査証拠を入手する「リスク対応手続」がある。

　リスク評価手続では，会社の事業内容や経営環境等を考慮してリスクを洗い出し，リスク対応手続では記録や文書の閲覧，実査，観察，質問，確認，再計算，再実施，分析的手続等といった手法が採られる。」（https://jicpa.or.jp/cpainfo/introduction/keyword/post-87.html）これらの手法は，会計監査だけではなく，システム監査や業務監査でも用いられる。

　システム監査では，システム関係書類の査閲，IT責任者・担当者への質問，オペレータの業務実施状況やサーバルームの観察（視察），情報機器の実査（棚卸），アクセスログとアクセス権付与リストの突合というように用いられる。突合については，手作業で行うのではなく，システムを使用して行うこともできる。

　ベテランのシステム監査人と経験の浅いシステム監査人では，事実確認の深さや広さはかなり異なる。例えば，システム化計画書や要件定義書を査閲しても，記載内容の不備，疑問点（担当者に確認すべき内容）を発見する件数は，大きく異なる。ベテランの監査人は，さまざまな視点からシステム化計画書や要件定義書に記載された内容の妥当性を確認できるが，経験の浅いシステム監査人では，内容の妥当性を十分に確認できないからである。

コラム⑨ サンプリング

　監査では，コントロールの設計（デザイン），実装，運用の適切性を検証・評価する。コントロールの設計と実装に関する監査は，厳密に両者を区分するのではなく，同時に評価される（整備評価）。運用評価は，実装されたコントロールが適切に実施されているかどうかを評価するものであるが，このさいにすべての文書等を確かめることはできない。そこで，監査対象（母集団）の中から一定件数を抽出（サンプリング）して確かめる手法が採られる。

　サンプリングには，統計的手法と非統計的手法がある。統計的サンプリングの典型的なものとして属性サンプリングがあり，非統計的手法としては内部統制評価で用いられる方法（１日に複数回の場合には25～60件，１日１回は20～40件，月１回は２～５件等）がある。

　サンプリングを実施する場合には，母集団を適切に設定することが重要である。また，サンプリングで不備のある案件を見落とすリスクがあることに注意しなければならない。

　なお，サンプリングは，定められた通りにコントロールが実施されているかどうか（準拠状況）を確かめるための手法なので，効率性の評価や投資対効果を確かめる監査手法としては適さないことに留意するとよい。

4 監査証拠

4.1 監査証拠と証拠資料

　監査では多種多様の資料（証拠資料）を入手するが，そのうち，監査意見の裏付けとなるものが，監査証拠である（**図表6-5参照**）。システム監査基準では，「適切かつ慎重に監査手続を実施し，監査の結論を裏付けるための監査証拠を入手しなければならない」（基準８）としている。

　さらに，ISACAの「IT監査および保証業務基準1205証拠」においても，

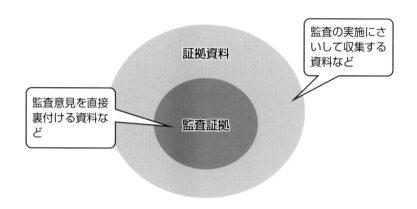

◎図表6-5　監査証拠と証拠資料の関係図◎

証拠資料

監査の実施にさ
いして収集する
資料など

監査意見を直接
裏付ける資料な
ど

監査証拠

「1205.1　IT監査および保証業務の実践者は，合理的な結論を導き出すために，十分かつ適切な証拠を入手すること。」，「1205.2　IT監査および保証業務の実践者は，専門職としての懐疑心を適用して，結果を裏付けし，業務の目的を達成するため，入手した証拠が十分であるかを評価すること。」としている。

　筆者は，監査証拠の収集においては，次のような点に留意しなければならないと考えている。

- 電子証拠の場合には，その入手過程を明らかにしておく。
- 監査証拠上のデータの意味を理解しておく。
- 電子データがいつ作成されたものか把握しておく。
- 監査証拠の入手時に，システム障害などが発生しないように注意する。
- コード化されている場合には，コード表なども合わせて入手しておく。
- プロジェクトの進捗に関する情報や設計資料などについては，最新版になっていることを確認する。
- システム開発の場合には，どの工程でどのような文書・資料が必要かを理解したうえで，監査証拠を入手する。

　監査証拠に似た用語に「証拠資料」がある。証拠資料は，監査実施の過程

で収集したものであり，監査意見の表明に直接関係しないものも含まれる。システム監査では，さまざまな資料（インタビュー結果や視察結果などを含む）が収集されるが，必ずしも監査意見に直接つながらないものもある。証拠資料は，監査を実施するうえで，監査対象領域の理解を深めるための情報や，監査判断の基礎となる情報（各種ガイドラインなど）などである。監査意見につながらない資料は，監査証拠にはならないので注意が必要である。

　内部監査の場合の証拠については，外部監査の概念が用いられているが，内部監査の目的が「組織体の運営に関し価値を付加すること」であり，保証（アシュアランス）とコンサルティングの2つの機能があることを考慮すると，外部監査とは異なる監査証拠の概念が求められることになる。しかし，残念ながら，こうした概念が確立していないのが現状だといえる。

4.2　システム監査特有の監査証拠

　システム監査で収集する監査証拠は，他の監査における監査証拠とは若干異なる。例えば，公認会計士の場合には，各種文書や証憑が中心だといえるが，内部監査の場合には，現地を視察した結果や監視カメラの記録なども監査証拠になる。システム監査の場合には，文書や証憑だけではなく，アクセスログや取引データなどの電子データが監査証拠になることが少なくない。こうした電子証拠の場合には，その真正性の確保が重要になるため，証拠の収集過程を明確にすることが重要である。

4.3　保証と助言における監査証拠の違い

　内部監査として実施するシステム監査は，ITガバナンスが一定の水準を確保していることを経営者（または監査等委員会）に対して保証する役割をもっている。また，現在のITガバナンスの水準を一定水準にまで向上させるための助言や，一定の水準を満たしているがそれをさらに向上させるため

の助言を行う役割をもっている。このような保証と助言という2つの視点からみると，監査証拠の意味も若干異なってくる。

　保証という監査意見を表明するためには，公認会計士監査の監査証拠のように厳密な監査証拠が必要になる。証拠能力の高い監査証拠が必要だということである。しかし，助言としての監査意見を表明するためには，必ずしも証拠能力の高い監査証拠が必要だとは限らない。助言としての監査意見の表明では，経営者や監査対象部門がシステム監査人の意見に同意するに足り得る証拠能力をもっていれば十分だからである。つまり，経営者や監査対象部門の「納得感」が重要である。

　保証と助言では，監査意見の性質が異なる。保証では，ITガバナンスが有効に整備・運用されていることの保証，つまり，ITを経営に役立つように活用する仕組みやプロセスがあることの保証である。システム監査人は，リスク分析とリスク評価を行って，リスクの大きな領域を対象にして，ITガバナンスを検証・評価する。そこで，一般に公正妥当と認められた監査手続であるサンプリングを行ってから調査する。

　助言では，ITガバナンスの仕組みやプロセスがあっても，それが効率的なものなのか，もっと効率的な仕組みやプロセスにできないか，他社のITガバナンスと比べて競争優位を獲得できる仕組みやプロセスになっているか，という視点からの監査意見なので，保証の場合とは大きく性質が異なっている。したがって，ITガバナンス向上のための助言を述べるためには，ベストプラクティスやボトルネックの視点からも監査を行う必要がある。ベストプラクティスを裏付ける証拠は，現状のITガバナンスの状況を説明できる監査証拠を収集しなければならないが，それに加えて，他社のITガバナンスの取り組み状況を説明できる監査証拠を収集しなければならない。

コラム⑩　リスク管理，課題管理の監査ポイント

　システム開発・運用においては，その業務が抱えるリスクを適切に把握し管理することが不可欠である。また，リスクが顕在化したさいに，課題として適切に管理し解決していかなければならない。リスク管理の適切性を監査する場合には，開発あるいは運用業務を俯瞰してリスクを洗い出しているか確かめることが肝要である。一部の担当者だけでリスクを洗い出すのではなく，開発あるいは運用に関わる関係者が参加してリスクの洗い出しを行っていることを確かめる。アプリケーションシステムに係るリスクだけではなく，ハードウェア，ファームウェア，ミドルウェア等に関するリスクも把握する。リスクには，機能面だけではなく，品質や納期，意思決定など多様なものも含まれる点に注意する。

　課題管理では，解決方法，担当者，期限，進捗管理等が適切に行われていることを確かめる。また，期限が過ぎても解決できていないものがあれば当然指摘事項になると考えられるが，期限に間に合わせるためにどのような管理を行っているか，責任者に質問して確かめることも重要である。

4.4　電子証拠の留意点

　電子データを監査証拠あるいは証拠資料として収集する場合には，その入手過程を明らかにして記録する必要がある。電子データには，原本という考え方が明確ではないという特徴がある。電子データは，コピーすることによって原本とまったく同一のものを作成できるからである。つまり，電子データが記録された媒体は異なるが，データの内容自体は完全に同じものを作成することができるからである。

　電子データについては，例えば，次のような点に注意する。

- 電子データの入手方法を明らかにする（誰が，いつ，どこで，どのようにして入手したか）。
- 電子データが改変されないように保管・管理する。
- 電子データが複数あり，それらが関連している場合には，時系列を間違

えないようにする。

- データオーナの了解を得てから電子データを入手する。
- 入手したデータ件数，合計金額などを記録しておく。
- 対象データが適切なものであること（月分，世代などを間違えないこと）。
- 抽出条件を設定して電子データを入手する場合には，条件を間違えないように注意する。
- 入手した電子データは，適切なものかどうかを入手後確認する。
- 電子データの入手は，できる限りデータオーナに操作してもらう（システム監査人が立ち会うとよい）。
- 不正調査などにおいて電子データを入手する場合には，デジタルフォレンジックスの手法を用いる。

　最近では，システム化計画書，完了報告書，社内規程，業務マニュアルなどを電子データで入手することが多い。電子メールへの添付や，電子媒体に収録して提出されることも少なくない。さらに，変更管理や障害管理がシステム化されている場合には，当然のことながら電子データで提出される。こうして収集された電子データは，内部監査部門のサーバに保存され，利用される。したがって，電子データの入手過程の明確化や，入手した電子データの管理がきわめて重要になる。

第7章 CAATs(コンピュータ利用監査技法)

1 CAATsとは

CAATsは，Computer Assisted Audit Techniques（コンピュータ利用監査技法）のことであり，単にCAATと呼ばれることもある。以前は，コンピュータ支援監査技法と呼ばれていた。CAATsは，コンピュータに収録されたデータを利用して，監査業務を支援する技術である。

組織体における業務の大半がIT化されているのにともなって，さまざまなデータが情報システムに収録されている。IT化が進んでいない場合の監査では，管理資料や伝票等から疑義のある監査対象取引等を抽出するが，管理資料や伝票等が電子化されることによって，電子化されたデータから疑義のあるデータを抽出することが可能になった。さらに，ITの進歩にともなって，コンピュータの処理能力も大幅に向上し，さまざまなデータ分析ソフトが提供されるようになり，監査のIT化も進展した。

CAATsというと，汎用監査ツールを利用したデータ分析や，電子調書システムをイメージする方が少なくないが，表計算ソフトウェアを利用した分析なども含まれる。また，RPA（Robotic Process Automation）を利用した監査技法や，自社開発のソフトウェアを構築して監査で利用するものも含まれる。

2 CAATsの位置づけ

　CAATsは，大きく分けて，監査対象データの抽出や監査対象領域を決定するものと，監査手続書や監査調書を電子化したもの（電子調書）に大別できる。監査対象データの抽出や監査対象領域を決定するために用いられるCAATsは，業務システムの取引データや，アクセスログなどから一定条件のデータを抽出するものである。例えば，一定金額以上の売上データを抽出し，売上計上（金額，計上日，勘定科目）に誤りがないかを分析することに用いられる。また，資本的支出か修繕費に計上するのかで問題が生じやすい一定金額以上の修繕費データを抽出し，会計処理の適切性を確かめることに用いられる。この他に，アクセスログの中から，夜間や休日にアクセスがあったものを抽出して，当該アクセスが適正なものかどうかを確かめることに用いられる（異常値分析）。

　一方，電子調書とは，監査技法というよりも監査業務の効率化高度化のために用いられるものである。監査手続書（監査プログラム）をシステムに組み込み，監査結果を監査調書としてシステムに入力し，最終的には監査報告書のドラフトを作成する機能をもつ。また，リスク分析機能と組み合わせて，リスクアプローチによる監査手続書の作成を支援する機能もある。さらに，上位者が監査調書をレビューした結果を記録したり，指示事項を監査担当者に伝えたりする機能ももつ。監査案件の進捗管理や，指摘事項に対するフォローアップを行うための機能などもある。

3 CAATsの利用状況

　わが国では，監査ツールの利用は進んでいないのが現状である。一般社団法人日本内部監査協会の『第19回監査総合実態調査（2017年監査白書）集計

◎図表7-1　監査支援ソフトウェアの利用状況◎　　◎図表7-2　監査支援ソフトウェアの用途◎

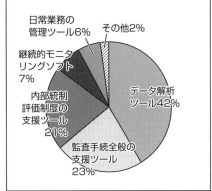

出所：（一社）日本内部監査協会『第19回監査総合実態調査（2017年監査白書）集計編』2018年8月，p.78に基づいて作成。

出所：（一社）日本内部監査協会『第19回監査総合実態調査（2017年監査白書）集計編』2018年8月，p.79に基づいて作成。

編』によれば，監査支援ソフトウェア（CAATs）を使用している内部監査部門は，**図表7-1**に示すように13%であり，『2014年監査白書』の調査結果から増えていない。また，そのうちデータ解析ツールとして使用しているものが42%と最も多い（**図表7-2参照**）。

　監査ツールの利用が遅れている原因としては，日本独自の監査ツールがほとんどないこと，海外の監査ツールの日本語化が遅かったこと，内部監査人の監査ツールの利用に関する知識やスキルが十分ではないことなどが考えられる。また，表計算ソフトやワープロなども監査ツールとしている海外に比べて，わが国ではこれらのソフトウェアを監査ツールとして捉えていないことも一因になっていると思われる。

　海外で監査ツールの利用が進んでいる要因としては，監査対象データのサンプリングという概念が定着しそれが広く実践されてきたこと，古くからさまざまな汎用監査ソフトウェアが市販され調達しやすい環境にあることなどが考えられる。

　電子調書システムは，紙の監査調書と比べると監査手続との関係づけが容

易であり，監査調書の作成日時・担当者，監査調書の上司によるレビュー・承認記録（承認者・承認日時など）が残り，監査の透明性が高い。また，指摘事項や改善提案を電子調書システムに随時入力することによって，監査報告書の草案を作成でき，フォローアップについてもシステムで一元的に監視できるので，フォローアップを確実に実施しやすくなるというメリットがある。

　監査ツールは，システム監査だけで利用されるわけではない。会計監査や業務監査でも利用されている。むしろ，監査ツールは，会計監査でよく利用されている。会計監査では，例えば，次のような会計データ（仕訳データ）の分析・抽出に用いることができる。

- 特定の勘定科目（例：修繕費，広告宣伝費）で計上された会計データ
- 一定金額以上の会計データ
- 特定の期間（例：期末月，期末日の直前の1週間）の会計データ
- 振替訂正，返品などの会計データ

このほかに，次のような分析でも用いられる。

- 部門別・事業所別の財務数字の比較
- 月別推移，対前年同月などの財務数字の比較

業務監査では，例えば電子決裁の記録を分析して，業務プロセスにおいてどのステップがボトルネックになっているかを分析したり，機械や設備の稼働状況に関するデータを入手して稼働率を詳細に分析したりすることができる。

 # 4　データ分析ツールとしての活用

　CAATsの利用を検討している内部監査部門では，監査業務の効率化や高度化を目指している場合が少なくない。また，CAATsを利用すれば，何か指摘ができるのではないかと考えられているかもしれない。データ分析で使

用する場合には，監査目的を踏まえてCAATsを利用する目的を明確にする
必要がある（**図表7-3参照**）。例えば，不正アクセスを発見するために利用す
るのか（アクセス状況の監査），システムの利用状況を把握するために利用
するのか（有効性の監査），業務効率を分析するために利用するのか（効率
性の監査）などを明確にする。

　また，対象範囲（調査対象データ，対象期間，部門等）を決める必要があ
る。CAATsでは，大量データを取り扱うことができるので，データ分析の
ロジックを決めれば，大量データを取り扱うことは大きな問題ではない。

　さらに，複数のデータを組み合わせて分析することも可能である。例えば，
入退出データと勤怠データを照合して，大きな差異がないかどうかをチェッ
クすることができる。どのデータとどのデータを組み合わせて，どのような
分析を行うのかを事前に十分に検討することがCAATs成功のカギである。

　それでは，どのようにデータ分析を行えばよいのだろうか。内部監査とし
て実施するシステム監査では，組織体の業務改善や経営改善に役立つ指摘・
改善提案を行うことを考えることが肝要である。業務処理（プロセス）にお
けるボトルネックを発見し，それを改善するような指摘や改善提案を行えば
業務効率が上がる。そのためには，どこで時間がかかっているか，誰に作業
負荷がかかっているか，どこでミスが多く発生しているか，などを見つけな

◎図表7-3　データ分析における留意点◎

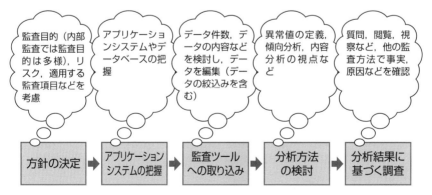

ければならない。このボトルネックを発見するためのツールとしてCAATs
を利用できる。

（1）プロセス分析

- 電子決裁のログを分析して，時間がかかっている案件，部門，管理者，
  責任者などを分析し，インタビューなどによって，その原因を分析しプ
  ロセスの見直し（決裁ルート，代行決裁の仕組み等）を改善提案する。
- 訂正報告（データ）を分析して，訂正報告の多い業務，商品・サービス，
  部門，担当者などを分析し，その原因を調査し，業務プロセスの見直し，
  教育の徹底，管理者の指導などの改善提案を行う。
- 内部統制の評価で使用している業務フローチャートに処理件数や時間を
  プロットするとボトルネックを発見しやすい。

（2）相関関係の分析

- 訂正報告の多い部署とその部門の業績やCS（クレームを含む）などと
  の相関関係を調べる。相関関係があれば，それを示し改善提案にする。
- 電子帳表（画面）のアクセス状況とその部署の業績の相関関係を調べる。
  例えば，管理資料・画面（管理会計を含む）によくアクセスしている部
  署の業績がよいということを証明できれば，よい改善提案になる。
- 交際費の利用状況と取引状況（売上高等）などの相関関係を分析すると，
  交際費の有効活用状況を把握できる。この応用として，営業担当者ごと
  に交際費と売上・利益の状況を分析してもよい。

（3）データの適切性等

- システムに入力（収録）されているデータの適切性を調べる。例えば，
  メモ情報のようなものは，部署や担当者などによってバラツキがある可
  能性がある。システムの利用状況を検証・評価するために有効である。
  特に任意項目の場合には，注意が必要である。

- クレーム情報などを分析して，クレームの傾向把握や原因分析を行えば，業務改善のための改善提案を行うことができる。
- プロジェクト（案件）ごとの収益分析を行って，異常値を発見し，原因を分析し，改善提案を行う。

(4) その他

　経営工学の手法であるDEA（経営効率分析，包絡分析）を用いれば，事業所などの効率分析を行うことができる。

5 電子調書システムとしての利用

　電子調書システムの利用に際しては，自社の監査手順や企業風土を十分に考慮する必要がある。また，電子調書システムに組み込まれている監査手続（監査プログラム）は，会計監査用の一般的な内容である。システム監査で利用する場合には，システム監査の監査手続書を電子調書システムに組み込まなければならない。さらに，内部監査部門で共通に利用する場合には，業務監査や自社の会計監査にあった監査手続書を組み込む作業が必要になることを忘れてはならない。

　電子調書システムは，規模の大きな内部監査部門の場合に有効だと考えられる。電子調書システムは，監査法人のようにスタッフ，シニア，マネージャーといったピラミッド型の監査体制を前提に作られているからである。少人数の内部監査部門やシステム監査チームの場合には，監査実務のやり方が異なるので，それを考慮して電子調書を導入するとよい。

6 CAATs活用のための環境整備

CAATsを導入するためには，CAATsの利用目的，利用方針などを明確にしたうえで，次のような環境整備が必要になる。

① ツールの選定

複数ツールを比較検討して，ツールを決定する。操作性，能力，自社のIT環境との適合性，処理能力，サポート体制などのほかに，構築・運用コスト（一時費，運用費）も比較する。

② 予算の確保

CAATsを導入すると，ライセンス費，保守費，運用費，サーバなどのハードウェア，分析用パソコン，LAN構築，クラウドサービス利用料などさまざまなコストがかかる。また，経費だけではなく，設備投資（無形固定資産等）が発生する可能性があるので，経費予算，人件費予算のほかに設備投資予算の確保が必要になる。

③ 要員の確保

CAATsでは，テンプレートと呼ばれるデータ分析のロジックを整備する必要がある。表計算ソフトのマクロを組む程度のスキルがあれば対応できるが，要員をデータ分析の専任にしておくとよい。通常の監査業務を抱えていると，そちらが優先され，データ分析の時間を十分に確保できないことがあるからである。

④ IT部門との連携

CAATsで使用するデータについては，IT部門が把握していることが少なくないので，IT部門の協力を得られるようにしていくとよい。

⑤ RPAの活用

RPAを使って社内データを活用してデータ分析を行うとよい。

第**8**章 監査判断と監査報告

 1 システム監査における監査判断

1.1 監査判断の難しさ

　システム監査における監査判断の特徴は，内部監査としての特徴のほかに，監査対象が情報システムであることに起因する。

(1) 内部監査としての特徴

　公認会計士監査（財務諸表監査）では，監査の判断基準が定められ，さまざまな監査指針があることから，監査判断は内部監査に比べて明確である。公認会計士監査では，重要性を判断する場合に利益の何％に相当するかといった判断基準はあるが，内部監査では，そのように簡単に判断できない。

　内部監査として行う業務監査，システム監査などでは，必ずしも明確な監査判断の基準はない。例えば，業務処理の効率性や経営にとっての有効性といった判断基準は，統一されたものはないのが現状である。これは企業によって，経営管理や業務管理が千差万別だからである。システム監査の場合の判断基準は，「システム管理基準」になるが，これに記載された管理項目は，「…する」という内容であり，統制活動の例が示されているものの，管理の水準が具体的に示されたものではない。具体的なコントロールの内容やその水準は，システム監査人が監査対象システムや部門の状況や，社会的な状況などをふまえて判断しなければならない（**図表8-1参照**）。

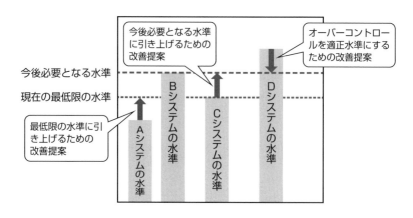

◎図表8-1 内部監査における監査判断◎

今後必要となる水準に引き上げるための改善提案

オーバーコントロールを適正水準にするための改善提案

今後必要となる水準

現在の最低限の水準

最低限の水準に引き上げるための改善提案

Aシステムの水準

Bシステムの水準

Cシステムの水準

Dシステムの水準

(2) 情報システムとしての特徴

　システム監査における監査判断の特徴は，有効性や効率性などの判断が難しい点にある。また，コンサルティングとしての機能を果たす場合，すなわち，コントロールが一定水準を確保していても，企業の競争優位を獲得するためにそれをさらに向上させようという場合の監査判断は難しい。

　内部監査で実施するシステム監査の場合には，**図表8-2**に示すように，監査対象（情報システムや部門）のあるべき姿を考えたうえで，現状とのギャップを発見し，あるべき姿に近づけるための改善提案を行う。したがって，システム監査人が監査判断の尺度を自ら設定することが求められる。

　システム監査における監査判断が難しいもう1つの要因は，監査対象としてITを取り扱っていることである。ITの世界は，技術革新が激しい。例えば，メインフレームを用いた集中処理時代からクライアントサーバシステムを用いた分散処理に変わり，分散処理におけるシステム運用・管理の負荷が増えたために，現在ではクラウドサービスの利用といった方向に変化している。また，ダム端末（CPUがない端末）から，PC端末に変化し，今度は情報セキュリティの強化を目的としたシンクライアント端末（端末側で処理をしない方式）に変わってきている。自社開発システムからERPパッケージに代表

◎図表8-2　監査対象をあるべき姿に近づけるためのシステム監査◎

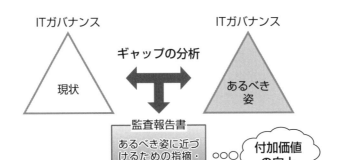

されるパッケージソフトを利用したシステム開発へと変化し，クライアント
サーバシステムからWebシステム，ローコード／ノーコード開発へと開発
手法も変化している。さらに，バーコードからQRコード，RFID（ICタグ），
ビッグデータ，AI，IoT，クラウドサービスへと技術革新はとどまることを
知らない。

　このようにITの革新によって，現時点では適切な監査判断が明日には誤
った監査判断になってしまう可能性がある。こうした監査判断の難しさは，
公認会計士監査では起こりにくい。ITの世界では，会計の世界では起こりえ
ないような変化が日々起こっているからである。このようなITがもつ特徴が，
監査判断を難しくしている大きな要因となっているといえる。

　経営者からみても，こうしたITの特徴が，IT投資・経費が適切か，シス
テム運用が適切かどうかを判断することが難しいのである。しかし，経営者
は，自分自身で判断することが難しい。そこで，ITガバナンスを検証・評
価するシステム監査人にその権限を委ねて，経営者への報告を行わせるので
ある。システム監査人は，こうした経営者の期待に応えなければならず，そ
のためにITに関する知識，スキルを向上させて，変化の激しいITについて，
適切な監査判断を行うことが求められているのである。

1.2 戦略性，有効性，効率性に関する監査判断

　戦略性，有効性，効率性に関する監査判断は，それらを維持向上するための仕組みやプロセスに関する監査判断と，戦略性，有効性，効率性の水準（他社あるいは他部門と比較して適切かどうか）に関する監査判断に分けられる。

（1）仕組みやプロセスに関する監査判断

　仕組みやプロセスに関する監査判断とは，システム監査を含めて内部監査において一般的に行われる監査判断である。この場合には，規程・マニュアルなどが判断基準になるが，規程やマニュアルで定められている項目や内容の適切性についても判断しなければならない。したがって，業界動向，他社動向，府省庁などが公表するさまざまなガイドライン，COBITやシステム管理基準の内容なども監査判断の基準となる。

　例えば，次のような視点から監査判断を行う。

- ビジネスにとっての有効性を確保するために，システム化計画においてシステム化目的・目標が明確に設定され，システム化完了時および安定稼働時に事後評価を行う仕組みやプロセス（IT化推進体制，ITに関する規程・マニュアルなど）があり，それが実践されているか。
- IT戦略が経営戦略，営業戦略，調達戦略，生産戦略，人事戦略などと整合がとれているか。
- システム開発・運用・保守・利用における効率性を高めるための目標が明確に設定され，システム化完了時および安定稼働時に事後評価を行う仕組みやプロセス（IT化推進体制，ITに関する規程・マニュアルなど）があり，それが実践されているか。

（2）戦略性・有効性・効率性の水準に関する監査判断

　ITガバナンスを向上させて，企業力を向上させるためには，(1)で述べた判断（準拠性による判断）だけでは不十分である。(1)で述べた有効性や効率

性の目標値が低く設定されていれば，有効性や効率性の成果が高く現れてしまうからである。一方，高すぎる目標設定だと，有効性や効率性に優れたシステムであっても，当該システムの有効性や効率性は低いと判断されてしまう。

そこで，目標設定の適切性を含めた戦略性・有効性・効率性の監査判断が必要になる。目標設定の適切性についての判断は，算定根拠の適切性を検証・評価することに加えて，他社の取り組み状況を評価基準にして監査を行う。いわゆる，ベストプラクティスやベタープラクティスをベースにした監査判断である。

1.3 準拠性に関する監査判断

準拠性に関する監査は，システムの企画・開発・運用・保守など，ITにかかわる規程やマニュアルなどの遵守状況（準拠性）を確かめるものであり，監査判断の基準はこれらの規程やマニュアルになる。規程やマニュアルは，企業によって名称や構成が異なるので，規程やマニュアルの目的，適用範囲，項目，内容などを十分に理解したうえで，監査判断の尺度として用いることが重要である。また，ITの世界では，多種多様の開発手法や運用手法があり，IT統制や情報セキュリティを確保するための製品やサービスも多数あるので，自社のIT環境，開発手法，導入されている技術や各種ツールなどを把握したうえで，規程やマニュアルの内容を理解するとよい。

規程やマニュアルなどを監査判断尺度として用いる場合には，例えば，次のような点に留意する。

① 規程やマニュアルが現在のIT環境とあっていることを確認したうえで監査判断の尺度として用いる。具体的には，規程やマニュアルの更新日の確認（長期間更新されていない場合には注意），組織図，ネットワーク図，システム構成図などと照らし合わせて規程やマニュアルの内容を確認する。

② 　規程やマニュアルの策定にあたって参照した基準などを確認してから監査判断尺度として用いる。例えば，親会社の規程やマニュアルをコピーしてそのまま利用しているような場合には，子会社にとってオーバースペックになってしまう。官公庁のガイドラインやベンダーが提供した規程・マニュアルをそのまま利用している場合には，実態と合わないために，規程やマニュアルを遵守することが難しかったり，非効率になったりするので，社内規程・マニュアルと参照した基準とを照らし合わせたうえで，監査判断の基準として用いるとよい。

1.4 保証と助言における監査判断の違い

ITガバナンスが一定水準にあることを経営者に保証することを目的としたシステム監査における監査判断と，ITガバナンスが一定水準にあるものをさらに強化するための助言を目的とするシステム監査における監査判断とは同じではない。

(1) 保証における監査判断

ITガバナンスが一定水準を満たしていることを保証することを目的としたシステム監査では，その判断尺度が必要になる。通常は，システム管理基準あるいはCOBITを判断尺度として用いることになる。自社のITガバナンスの状況が，システム管理基準で求める管理項目を満足していることをシステム監査人が確認できれば，ITガバナンスが確立されていることを経営者に対して保証することができる。この場合の保証とは，システム管理基準に定められた管理項目が実施されていることの保証になる。

実際の監査では，すべての管理項目を満たしているとは限らないので，システム監査人が，特に重大な問題がないと判断すれば，保証意見を表明することになる。この場合の重要性の判断は，ビジネス目標の達成への貢献という視点から，ITを活用するうえで重大な阻害要因が認められるかどうかと

いう視点になる。公認会計士監査の重要性の判断が売上高や利益に及ぼす影響の度合いという視点から行われるのに対して，システム監査での監査判断は難しくなる。

　また，システム管理基準やCOBITが求める管理項目（コントロール）は，監査対象となる組織，アプリケーションシステム，IT環境などによって，すべての管理項目を適用することができない。そこで，システム監査人は，監査判断の尺度として適用しなかった管理項目について，合理的な説明ができるようにしておかなければならない。

（2）改善提案（ITガバナンスの向上）における監査判断

　ITガバナンスの水準をより向上させるための監査判断の尺度は，システム管理基準やCOBITの管理項目をそのまま利用するだけでは不十分である。システム監査人は，監査対象のIT環境やビジネスに及ぼす影響などを勘案し，どの程度のITガバナンスの水準が必要なのかを検討して，判断基準を設定する。また，経営者および監査対象部門に対して，その判断基準を示すとともに，その理由を合理的に説明できなければならない。

　例えば，アクセス管理で重要なパスワードの桁数や英数字記号等の利用について，情報セキュリティポリシーおよび規程などで明確な定めがない場合には，どの程度の水準であるべきかをシステム監査チームで検討し，指摘すべき水準を定めておく必要がある。もちろん，情報セキュリティポリシーや規程に具体的なパスワード設定の定めがあれば，それに基づいて監査を実施すればよい。

　ただし，情報セキュリティポリシーや規程で定めた内容が，ビジネスの内容（ビジネス上のリスク），社会水準や他社水準との比較などの視点から不十分だとシステム監査人が判断した場合には，情報セキュリティポリシーや規程の見直しを改善提案する。

1.5 監査判断の誤り

　監査判断の誤り（監査リスク）は，システム監査に限らず，会計監査や業務監査などにおいても発生する。監査判断の誤りは，①指摘した事実に誤りがある場合（事実誤認），②重要な問題（リスク）を見落とした場合，③監査判断基準に誤りがある場合に分けることができる（**図表8-3**参照）。

（1）事実誤認

　事実誤認に基づく誤った指摘や改善提案は，システム監査人の専門職としての信頼を著しく失墜させる行為なので，事実誤認が発生しないように十分留意しなければならない。事実誤認の発生原因としては，ある事象を一面からしかみていない（IT部門あるいはユーザ部門の片方の意見しか聞いていない），相手の発言の確認をとらない，資料等に記載された内容を誤解する，といったことが考えられる。

　事実誤認を防止するためには，発見事項について必ず監査対象部門に再確

◎図表8-3　監査判断の誤り◎

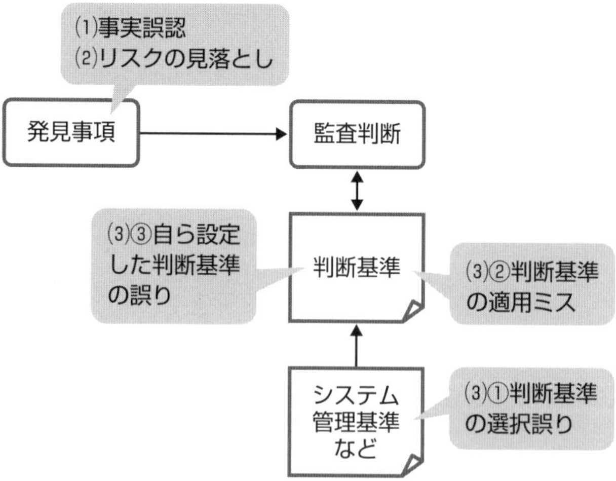

(1)事実誤認
(2)リスクの見落とし

発見事項 → 監査判断

(3)③自ら設定した判断基準の誤り

判断基準

(3)②判断基準の適用ミス

システム管理基準など

(3)①判断基準の選択誤り

認すること，複数の者（部門）にインタビューすること，資料等の内容でわからない部分は監査対象部門に質問して確認すること，システム監査チームで発見事項について調査漏れがないか検討すること，などの対策が考えられる。

(2) リスク（重要な問題）の見落とし

　システム監査の実施後に，監査対象部門で情報漏えい，大規模なシステムトラブル，システム開発の失敗などが発生すると，システム監査人の責任を問われるおそれがある。経営者から適切なシステム監査を実施したのか，なぜリスクに気づかなかったのかといった質問を受けることになる。重要なリスクの見落としを防止するためには，リスク分析を適切に行うことが最も有効である。システム規模，システム投資額，運用経費，ユーザ数，システムが支援している業務の内容，外部接続の有無，外部接続している情報のビジネス上の重要度などの視点から重要度の分析（リスク評価）を行う。

　監査の限界として，一定の確率でリスクを見落とす可能性がある。実際に問題が発生する領域は，経営者，CIO，IT部門長などの幹部が注意を払っていない情報システムや部門，あるいは安心している情報システムや部門であることが少なくない。システム監査人は，こうした点にも留意して，リスクアプローチと組み合わせながら監査を実施し，重要なリスクの見落としが発生しないようにする必要がある。

(3) 監査判断基準の誤り

　内部監査の場合には，外部監査と異なって，情報システムの有効性や効率性などについて評価しなければならないので，適用する監査判断基準の選択が重要になる。監査判断のもとになる判断基準の誤りには，選択あるいは設定した監査判断基準が適切ではない場合と，監査判断基準自体に誤りがある場合がある。

① 選択した監査判断基準の誤り

システム監査では，情報戦略，IT計画，システム構築，システム運用・保守，外部委託管理，情報セキュリティ，個人情報保護など，さまざまな領域が対象になっている。これらの適切性，すなわちITガバナンスの適切性を判断するための基準としては，経済産業省「システム管理基準」がある。また，ITに関する社内規程やマニュアルなどがある。しかし，システム管理基準や社内規程，マニュアルだけで監査判断がすべてできるわけではない。例えば，情報セキュリティに関する監査判断基準としては，情報セキュリティ管理基準を用いたり，ISO/IEC 27000シリーズを用いたりすることがある。情報セキュリティに焦点を当てたシステム監査を実施する場合には，これらの基準や規格を用いなければ，システム監査人が適切な監査判断を行えないことがあるからである。

また，個人情報保護に焦点を当てた監査の場合には個人情報保護委員会が公表している個人情報保護ガイドライン，不正アクセスに焦点を当てた監査の場合には不正アクセス禁止法，サイバーセキュリティに焦点を当てた監査の場合には，サイバーセキュリティ経営ガイドライン，事業継続計画・管理に焦点を当てた監査の場合には事業継続ガイドラインを監査判断の基準として選択する必要がある。システム監査人は，このようにさまざまな基準やガイドラインを理解したうえで，監査目的や監査テーマに適した基準やガイドラインを選択する必要がある。

なお，金融機関の場合には，FISC（The Center for Financial Industry Information Systems：公益財団法人金融情報システムセンター）が公表している基準などを参考にする必要がある。

② 選択した監査判断基準の適用ミス

監査判断基準として選択した基準・ガイドライン・社内規程などをそのまま，監査判断基準として適用することはできない。監査対象のIT環境やビジネス内容が異なるからである。システム監査人は，選択した基準・ガイドライン・社内規程などについて，自社のIT環境やビジネス内容などを勘案

して，判断項目を追加，修正，削除して，監査判断基準として用いることになる。この追加・修正・削除が適切に行われなければ，適切な監査判断を下すことができない。

　つまり，システム監査人には，IT環境やビジネスの内容をふまえて，基準・ガイドライン・社内規程などの内容を追加・修正・削除して，監査判断基準を設定できる能力が必要になる。

③　自ら設定した監査判断基準の誤り

　監査判断基準として利用できる適切な基準・ガイドライン・社内規程などがない場合には，システム監査人が自ら判断基準を設定しなければならない場合がある。特に情報システムの戦略性，有効性，効率性の監査の場合には，どの程度実施していれば適切と判断するのかという判断基準をシステム監査人自らが設定せざるをえないことが少なくない。システム監査での監査判断の難しさは，監査の目的や監査対象の多様性，監査視点（監査要点）の複雑性の現れだといえよう。システム監査では，技術動向やIT化の動向などをふまえて監査判断基準を設定することが重要である。また，IT動向は常に変化しているので，監査判断基準も柔軟に対応させていくことが不可欠である。なお，設定した監査判断基準は，経営者や監査対象部門に明確に説明できるようにしておかなければならない。

2 監査報告とフォローアップ

2.1 監査報告の意義

（1）監査報告書の役割

　システム監査の結果は，システム監査報告書として取りまとめて経営者に報告する。つまり，システム監査報告書は，システム監査の目的についての結果を経営者に伝達する役割を担っている。システム監査の目的は，例えば

「システム構築が適切に行われているかどうかを確かめること」,「システムが有効に活用されているかどうかを確かめること」というように設定されるので,監査報告書では,「システム構築が適切に行われている(いない)」,「システムが有効に活用されている(いない)」という結論を示すことになる。また,コントロールを改善する必要性があれば,改善提案を行う。

監査手続を実施した結果,すべての項目が適切に行われているとは限らない。例えば,100項目の監査手続のうち,多くの項目で指摘する事項が発生する場合と,1項目だけで発生する場合がある。この場合,両者とも「システムが適切に構築されていない」という結論を下してもよいのか,という問題が生じる。システム監査人は,発見事項の件数だけで判断するのではなく,発見・指摘された事項について,全体としてのリスク評価を実施して,システムが適切に構築されているのかどうかを判断する。

監査報告書の内容に誤りがある場合には,報告先である経営者に誤った情報が伝達され,誤った改善策が講じられる可能性がある。特に情報戦略やIT計画などに関する改善提案の場合には,経営活動を誤った方向に導いてしまうおそれがあるので,監査報告の内容の信頼性や妥当性の確保が不可欠である。

(2) システム監査結果の報告先

監査報告は,システム監査の依頼者に対して行われるが,依頼者は経営者(社長)である場合が多いので,経営者に対して行われることになる。監査報告書の写しは,監査対象部門や関係部門にも送付される。監査対象部門では,監査報告書での改善提案について,改善策を講じなければならないからである。また,関係部門でも,監査対象部門での改善策を講じるための承認や支援を行う必要があるからである。

(3) 緊急改善(システム監査報告書の特徴)

システム監査報告書では,改善提案を通常改善と緊急改善に分けて行うこ

とがある。情報システムの場合には，直ちに改善しなければシステムダウンや不正アクセスにつながるような場合がある。例えば，Webサーバの脆弱性のように，指摘事項が直ちに改善されなければ，今日明日にでもシステムダウンが発生し，不正アクセスによって情報の漏えいや改ざんが発生するかもしれない。このようなときに緊急改善を行う。

> **コラム⑪　通常改善と緊急改善**
>
> 　1985年システム監査基準では，報告基準の「2．報告内容」において，改善勧告を緊急改善と通常改善に区分していた。また，1996年システム監査基準でも同様である（通商産業省機械情報産業局監修「システム監査基準解説書」，日本情報処理開発協会，1996年7月25日，p.437）。
>
> 　2023年に改訂されたシステム監査基準では，このような区分はされていないが，システム監査実務では参考になる考え方である。例えば，サイバーセキュリティ対策の不備を発見した場合には，改善提案を行うことになるが，その緊急度を明確にするように工夫するとよい。システム監査人は，指摘したリスクの重大性やリスク対応の緊急度を経営者や監査対象部門に伝えなければならないからである。

2.2　監査報告書の書式

　公認会計士監査や監査役監査では，監査報告書の標準的な書式があり公表されているが，内部監査の監査報告書は公表されない。そこで，システム監査人は監査報告書をどのように作成したらよいか悩むことが少なくない。経済産業省「システム監査基準」では，「監査報告書は，監査の目的に応じた適切な形式で作成され，監査の依頼者や適切な関係者に報告されなければならない。」（基準11，下線は筆者）としている。また，「保証を目的とするシステム監査報告書には，監査の目的，範囲及び結果が記載される必要がある。」（同解釈指針，下線は筆者）とし，監査の概要（監査の目的，監査の対象範

囲。監査の実施期間，監査の実施者，監査手続の概要）や監査の結果（結論，指摘事項，改善提案及び改善計画，総合意見）を例示している。

内部監査の報告書は，要約版（エグゼクティブサマリー）と詳細版に分けて作成することがある。要約版は，A4版で1〜2ページ，詳細版は，十数ページから数十ページまでさまざまである。企業によっては，プレゼン用ソフトウェアで作成し，ペーパーレスで説明していることがある。グローバル企業では，英語と日本語の両方で作成したり，対訳形式にしている場合もある。

監査報告書には，次のような事項を記載するとよい。

- 監査案件名（監査テーマ）
- 監査対象（業務システム，部門，対象期間など）
- 監査実施期間
- 往査場所
- 監査実施者（監査責任者，監査担当者，分担）
- 重点監査テーマ
- 監査項目，監査方法（監査手続）
- 監査結果，指摘事項，改善提案
- その他

なお，個別監査実施計画書で計画した事項について，その結果が明確になるように留意する必要がある。

2.3 監査報告書での留意点

（1）事実に基づく判断（監査意見の表明）

監査報告書は，監査証拠に基づいた判断に従って記述しなければならない。監査報告書では，指摘事項と，システム監査人の意見を明確に分けて記載しなければならない。発見した事実は，書類，データ，現地の視察，インタビューなどによって，何がわかったのかなど，発見したことを淡々と記述する。

一方，監査意見は，発見した事実について，システム監査人が，それが良い
のか悪いのかということを記述するものである。したがって，監査意見は，
システム監査人の主観的なものであるのに対して，指摘事項は客観的なもの
である。

(2) 経営上の重要性に基づく判断

　監査報告書は，経営者が読むものなので，リスクの大きさ（影響の大きさ，
発生可能性）を考慮して，重要度の高いものを記載しなければならない。つ
まり，担当者や部門管理者の視点ではなく，経営者の視点に立って記述する。
指摘事項のすべてをシステム監査報告書に記載するのではなく，重要度の高
い指摘事項（改善提案），経営者に知っておいてもらわなければならない指
摘事項（改善提案）に絞って記載するようにする。

　さらに，指摘事項や改善提案が経営上有益なものになっているかどうかを
考えることが大切である。社内規程や社内マニュアルを遵守していないこと
を問題にするよりも，それが経営上どのような問題を及ぼすのか，業務プロ
セスや社内規程などに問題があるのではないか，といった視点から監査報告
書を作成することが重要である。

(3) 役立つ改善提案

　改善提案は，経営や監査対象部門にとって役立つものでなければならない。
システム監査人の改善提案に従ってコントロールを改善したら，このような
メリットがあったといわれるものでなければならない。システム監査は，経
営者や監査対象部門の立場に立って，役立つような改善提案を検討し，監査
報告書に記載することが重要である。

　改善提案にさいしては，改善可能性を強調することが重要である。つまり，
否定的な表現「…を遵守していない」ではなく，前向きの表現「改善すれば
このように顧客やユーザにとってより良い情報システムになる」にして，改
善可能性を強調することが非常に重要である。

◎図表8-4　わかりやすい監査報告書作成のための留意点◎

留意点	内容
明瞭性	システム監査人の主張を明瞭に記述する。そのためには，リスク（何が問題なのか，どのような問題につながるのか，経営上のインパクトは何か）を明確にする。また，５Ｗ１Ｈを明確にする。
簡潔性	事実や監査意見を簡潔に記述する。また，一文が長くなりすぎないように注意することも大切である。簡潔に記述するようにする。
理解のしやすさ	経営者など監査報告書の読者は，ITや監査の知識を有してないと考えて，理解しやすく記述する。専門用語は可能な限り用いない。カタカナ用語や英文字の略語を避け，可能な限り日本語で記述する。監査で発見された事項について，それを放置しておくとどのようなリスクや影響があるのか，どのような改善が必要なのかをわかりやすく記述する。緻密な図を用いて説明するよりも，概要図でわかりやすく説明する。
正確性	事実を正確に記述する。監査報告書に不正確な事項があると，監査の信頼性が揺らぐからである。金額，数値（件数，人数，台数など），日付，時間，システム名，データベース名，組織名，取引先名，通信回線や機器のスペックなどについては，記載誤りがないように再確認する。
実現可能性	実現可能性を十分に検討したうえで，それをふまえて改善提案を行う。例えば，技術的に実現できるのか，コスト面の問題はないかなどを事前に検討してから改善提案する。

(4) わかりやすい監査報告書の作成

　監査報告書は，経営者，監査対象部門，その他関係部門の人が読むものであり，必ずしもITの専門家が読むものとは限らない。むしろITやシステム監査の専門家でない者が監査報告書を読むことが多いので，こうした者にとって，読みやすく，誤解が生じないように記述する必要がある。わかりやすい監査報告書を作成するためには，**図表8-4**に示すような点に留意する。

(5) その他のポイント

　監査報告書を作成するさいには，どのようにして指摘事項を発見したのかではなく，何を発見したのか，それを放置するとどうなるのか，リスクは何なのかに焦点を当てる。同じことを意味する用語は，同じものを使い，同じことを示す用語をむやみやたらに別の表現に変えるようなことを避ける。1

文は，２行から３行程度に収めると読みやすくなる。図や表を活用すれば，監査報告書を読みやすいものにできる。

　フォローアップに備えて，改善責任部門（必ずしも監査対象部門とは限らない）を明確にするとともに，改善提案に対する回答書の受領時には，実施時期，改善内容なども明確にしておく必要がある。

2.4　フォローアップの重要性

　フォローアップは，他の内部監査と同様にシステム監査においても重要である。内部監査の場合には，経営管理，業務管理，業務プロセスなどが改善されることを目的としているので，改善が確実に行われるようにフォローアップを行うことが不可欠である。内部監査として行われるシステム監査もこれと同様であり，システムの有効性や効率性の改善，情報セキュリティ対策などの改善状況を確かめるフォローアップが重視されている。

　経済産業省「システム監査基準」においても「監査報告書に改善提案が記載されている場合，適切な措置が，適時に講じられているかどうかを確認するために，改善計画及びその実施状況に関する情報を収集し，改善状況をモニタリングしなければならない。監査報告書に改善計画が記載されている場合も同様にその実施状況をモニタリングしなければならない。」（基準12，下線は筆者）とされている。

　内部監査で行われるシステム監査のフォローアップでは，会計監査や業務監査のフォローアップの場合と比較して，次のような点が異なる。

- 改善に時間がかかるので，フォローアップの実施時期を遅らせる場合がある。技術的な対応が難しい場合，システム改善に時間を要するなどの理由から，フォローアップ実施までの余裕を考慮する場合がある。
- ハードウェアにかかわる改善の場合には，ハードウェアのリプレイス時期を考慮してフォローアップを実施することがある。
- 緊急改善の場合には，早いタイミングでフォローアップを実施する。ネ

ットワークやサーバの脆弱性，ウィルス対策の不備などの場合には，迅
速に改善する必要がある。そこで，フォローアップも早いタイミングで
実施する必要がある。

コラム⑫　改善のための着眼点

　内部監査でも外部監査でも，監査人は監査対象部門と同じ視点で監査対象の
情報システムや業務，部門を検証・評価しているだけでは，付加価値の高い監
査はできない。日常の業務は，監査対象部門の方が熟知し経験も豊富である。
そこで，監査対象部門と異なった視点でシステム監査を行うことが求められる。
つまり，システム監査人には，多面的な評価を行うスキルが必要になる。例えば，
情報システムだけではなく，会計，業務，コンプライアンスの視点から監査対
象を検証・評価したり，情報システムのユーザの視点から検証・評価したりす
る必要がある。

　また，相手の立場に立って考えることも重要である。どのようにすれば仕事
が効率的になるか，どのようにすればお客様から喜ばれるか，といった視点か
ら情報システムや業務を見直してみるとよい。

　さらに，「長所と短所は裏返し」であることも理解しておくとよい。監査対象
部門から，「しっかり管理をしている」という発言があったら，「オーバーコン
トロールがないか？」と疑ってみることも大切である。システム部門の計画に，
情報システムの改善策が記載されていれば，現状はいろいろと問題があると考
えて監査を実施することが重要である。

　いずれにしても，システム監査人は，相手と異なった視点で監査対象を検証・
評価するように心掛けることをおすすめする。

システムのライフサイクルからみた監査ポイント

1　システム企画業務の監査

　システム企画業務の監査では，システム監査人に高いスキル・経験が必要になる。システム企画業務の監査では，アプリケーションシステムやネットワークなどのインフラが目にみえているわけではないので，システム化企画書やシステム化計画書などの書類をレビューして，計画の妥当性を判断しなければならない。

　システム企画業務とは，IT戦略やIT計画を立案する業務であり，企業あるいは企業グループ全体のIT化の戦略・計画を対象としている。また，このほかに，個々のIT化案件（システム開発案件）の計画の策定もシステム企画業務に含まれる。システム監査人は，個々のIT化案件だけをみるのではなく，企業グループ全体のIT戦略・計画のなかで，個々のIT化案件の占める役割を考えて，監査を実施しなければならない。

　システム企画業務を対象とした監査には，策定されたIT戦略やIT計画を対象とする監査，IT企画部門を対象とした監査が考えられる。

　システム企画業務の監査では，**図表9-1**に示すような項目について監査を実施するとよい。ちなみに，2023年に改訂されたシステム管理基準では，「企画プロセス」という用語を用いている（開発，運用，保守，廃棄も同様）。2018年基準では，「企画フェーズ」という用語が用いられていた。

◎図表9-1　システム企画業務の監査項目（例）◎

分類	監査項目（例）
IT戦略にかかわる体制	• 企業および企業グループ全体のIT戦略やIT計画の方向性を検討し策定する体制が整備されているか。 • IT委員会などが定期的に開催され，その役割を果たしているか。 • ITにかかわる業務の範囲・権限・責任が，企画部門，開発部門，運用部門などで明確になっているか。 • ITにかかわる権限について，関係部門に改善要望がないか。 • アプリケーションシステム開発やITインフラ構築の方針・優先順位付けなどを主管する部門が明確になっているか。
企業全体のIT戦略およびIT計画	• IT戦略が明確になっているか。 • 経営戦略（販売戦略，調達戦略などを含む）との整合がとれているか。 • IT戦略では，経営戦略を実現するために新規システムの開発，機能強化，IT基盤の強化などが定められているか。 • IT計画を実施するための，中長期の設備投資計画や経費計画などが策定されているか。 • システム開発計画，機能強化，IT基盤の強化などに必要な金額の算出根拠（投資・費用項目，数量，単価など）が適切か。 • 既存システムの運営に必要なコストの算出根拠が適切か。 • 会社全体の設備投資計画，経費計画，人件費計画などと整合がとれているか。 • SEなどの開発・維持管理工数と，現状の社内SEや外部SEの確保の整合がとれているか。 • 年度によって作業工数に著しいバラツキがないか（平準化されているか）。
規程やマニュアル	• 経営者による正式な承認を受けているか。 • 規程やマニュアルの適用範囲が企業グループ全体，少なくとも企業全体を対象としているか。 • 規程やマニュアルに記載された項目・内容に過不足がないか。 • COBITやシステム管理基準などと照らし合わせて，過不足がある場合には合理的な理由があるか。 • 規程やマニュアルが定期的に更新され，最新の状態になっているか。 • 規程やマニュアルが関係部門に周知・徹底されているか。 • 規程やマニュアルの内容（例：システム化計画の承認手続）が過度に厳しく，業務の円滑な遂行を阻害するものになっていないか。 • PDCAサイクルが盛り込まれているか。 • ISO9001，ISO27001，プライバシーマークなどのマネジメントシステムと整合がとれた内容になっているか。
手続	• システム化投資や運用経費の金額に応じて，社長・担当役員・部長など，しかるべき権限者の承認を得ているか。 • システム化規程やマニュアルに従って，システム化計画が承認されているか。

	• システム化計画は，システムオーナ部門やユーザ部門の承認を得ているか。 • システム化の承認手続について，各部門に改善要望（例えば，承認権限，承認プロセスの効率性など）がないか。 • システム化投資では，システムのライフサイクルの視点から評価しているか。
戦略	• 経営戦略およびIT戦略（中長期計画，年度計画）との整合をとったシステム化計画書になっているか。 • システム化の目的，機能，システム化の範囲，システムの稼働開始時期などについて，経営戦略およびIT戦略と整合がとれているか。 • 新技術の活用ではなく，新技術を導入することが目的となっていないか。 • 投資額・運営経費について，中長期計画や年度計画で認められた範囲内に収まっているか。 • 差異がある場合には，合理的な理由によるものか，投資対効果を再計算し，経営者の承認を得ているか。
投資対効果	• 経営会議等に提案されたシステム化計画に記載された投資額・運用経費とシステム化による効果（定量効果，定性効果）の算定根拠が正確か。 • 効果の実現時期が明確になっているか。 • 投資・費用項目，システム化効果の網羅性が確保されているか。 • 投資対効果内容が，中長期計画，年度計画，個別計画の間で著しい差異がないか。
実現可能性	• 開発スケジュールに無理がないか。 • タスクは漏れなく把握されているか。 • タスクが細分化されているか。 • タスクごとに必要な工数を割り当てているか。 • マイルストーンが設定されているか。 • 開発体制について，スキル，経験，適性などの視点から問題がないか。 • 問題発生時の対応について考慮しているか（例えば，技術部門のサポート，開発要員の増員など）。 • 同時に複数のタスクを割り当てられている開発要員がいる場合には，業務遂行が可能か。 • 新しい技術を導入する場合には，先行事例の調査や技術的な検証，リスク分析などを行っているか。 • システム運用担当者がシステムの運用におけるリスクなどを検証しているか。 • ユーザが実務的な視点からシステムの利用について検証しているか。 • ITの視点からだけではなく，「ヒト」，「モノ」，「カネ」の視点からシステムの利用可能性を検証しているか（例えば，物流情報システムの場合には，配送用のトラックなどの動きも勘案して実現可能性を検証しているか）。

2 システム開発業務の監査

　システム開発業務の監査手続では，承認されたシステム化計画に沿って開発が実施されているかどうかを確かめる。要件定義書，システム設計書，プログラム設計書，プログラムソースコードなどを閲覧して，システム化計画書に沿った内容になっているか，要件定義書とシステム設計書の整合がとれているかというように，ドキュメント間の整合性を確かめる。内容に疑問がある場合には，開発の責任者・担当者にインタビューして確かめる。

　システム監査では，必ずしも，プログラム設計書やプログラムソースコードの内容を詳細にレビューするとは限らない。システム開発業務の監査手続では，開発標準に従ってプログラム設計書やプログラムソースコードが作成されているかどうかを確かめる監査手続で十分である。システム監査人は，開発標準に従って要件定義，システム設計，プログラム設計，プログラム作成が行われるようにするための仕組みやプロセスが構築され，それが標準化を行ううえで有効なものであるか，仕組みやプロセスが実際に実行されているかどうかを確かめることが重要である。

　具体的には，**図表9-2**に示すような項目について，監査を実施するとよい。なお，システム開発は，すべて社内で行われることは少なく，必ずといってよいほど開発業務の外部への委託が行われているので，外部委託を前提にした管理が適切に行われる仕組み（体制，プロセス）があり，それが有効に機能しているかどうかを確かめる必要がある。

　なお，システム開発手法には，ウォーターフォール型開発，アジャイル開発，パッケージソフトの利用，クラウドサービスの利用などさまざまなものがある。開発手法のリスクを理解したうえで，監査を実施しなければならない。

◎図表9-2　システム開発業務の監査項目（例）◎

分類	監査項目（例）
開発体制	・システム化計画書やシステム開発プロジェクトの体制図などで，開発体制が明確になっているか。また，役割，責任，権限が明確になっているか。 ・プロジェクトメンバーにインタビューして，自己の役割，責任，権限などを理解しているか。 ・開発体制において，自社と外部委託先との役割，責任，権限などが明確に定められているか（委託契約書や組織図などで明確になっているか）。 ・外部委託先が，開発プロジェクトに問題が生じていると考えた場合，あるいはそのおそれがあると考えられる場合には，速やかに開発責任者に連絡が行われるような仕組みがあるか（契約書で明確になっているか）。
開発規程・マニュアル	・システム開発やインフラ構築などに関する規程やマニュアルが策定されているか。 ・規程やマニュアルは，CIOやIT部門長による正式な承認を受けているか。 ・規程やマニュアルの適用範囲は，企業グループ全体，少なくとも企業全体を対象としているか。 ・規程やマニュアルに記載された項目・内容に過不足がないか（COBITやシステム管理基準などと照らし合わせて，過不足がある場合には合理的な理由があるか）。 ・規程やマニュアルが定期的に更新され，最新の状態になっているか。 ・規程やマニュアルが関係部門に周知・徹底されているか。 ・規程やマニュアルの内容（例：システム化計画の承認手続）が過剰な内容であり，業務の円滑な遂行を阻害するものになっていないか。 ・規程やマニュアルの改善のためのPDCAサイクルが盛り込まれているか。 ・ISO9001，ISO27001，プライバシーマークなどのマネジメントシステムと整合がとれた内容になっているか。
要件定義	・システム化計画書に従って，要件定義作業が実施されているか。 ・システム化の範囲が具体的に決められているか。 ・システムの機能が具体的に決められているか。 ・ユーザが要件定義に参加して，要件定義の内容を理解し承認しているか。 ・システム化計画と要件定義の内容の整合がとれているか（機能の著しい過不足がないか）。 ・要件定義の結果が，システム開発費の増大につながっていないか。
開発作業	・開発作業での成果物・納期が明確に定義されているか。 ・要件定義書と設計書の整合がとれているか。 ・設計書とプログラム機能書の整合がとれているか。 ・担当者および責任者が明確になっているか（例えば，プログラムごとの担当者・責任者が明確になっているか）。 ・標準化が行われているか。 ・保守を考えたシステムになっているか。

	• 開発環境のセキュリティは確保されているか。 • 品質管理の仕組みがあるか（成果物のチェックの仕組はあるか）。 • テスト期間や内容は十分か（テスト計画の内容，計画どおりのテスト実施など）。 • 移行（データ移行やシステムの切替）について問題はないか。移行時の切り戻しなどの対応（コンティンジェンシープラン）が考えられているか。
進捗管理 リスク管理 課題管理	• プロジェクト体制図などでプロジェクト管理責任者が明確になっているか。 • 進捗管理表が作成され，その内容を進捗管理責任者が内容をチェックし承認しているか。 • リスク管理者が明確にされ，リスクが適切に管理されているか。 • リスクが現実のものとなったときの課題が課題管理表で適切に管理されているか。 • 進捗管理会議が定期的に開催され，進捗遅延項目について適時かつ正確に報告され必要な対応を講じているか。 • 進捗遅延の原因が究明され，原因と対策の整合がとれているか。 • システム開発プロジェクト規程・マニュアルなどで，進捗遅延に関するエスカレーションルールが明確になっているか。
品質管理	• システム開発に関する品質管理について，規程やマニュアルなどで定められているか。 • システム開発が社内規程で定められた標準化に沿って行われているか。 • ISO9001の認証を取得している企業にシステム開発を委託する場合には，自社または委託先のどちらの標準化ルールを遵守するか定められているか。 • 品質管理体制（人数，スキル，経験など）が適切か。

3 システム運用業務の監査

　システム運用業務の監査では，定められたシステム運用規程どおりに業務が実施されているかどうかを確かめることがポイントである。システム監査人は，まず，システム運用規程，システム運用手順書，システム運用マニュアルなどを入手して，システム運用業務の概要を把握する。次に，規程や手順書などで定められたとおりシステムが運用されているか，システム運用計画および実施記録，例外処理などの依頼書・実施結果，システム運用依頼書（本番移行関係文書）などをレビューして確かめる。規程や手順書どおりに実施されているかどうか，文書をレビューするさいには，サンプリングで行

◎図表9-3　システム運用業務の監査項目（例）◎

分類	監査項目（例）
運用体制	• 業務分掌，体制図などで，運用体制が明確になっているか。また，役割，責任，権限が明確になっているか。 • 開発部門と運用部門の間の業務範囲，責任，義務などが明確になっているか。また，両部門の間で，役割，責任，権限のバランスがとれているか。 • 運用体制において，自社と外部委託先との役割，責任，権限などが明確に定められているか。 • 外部委託先でシステム運用において問題が生じていると考えた場合，あるいはそのおそれがあると考えられる場合には，速やかに運用責任者への連絡が行われるような仕組みがあるか。
運用規程・運用手順書・マニュアル	• システム運用規程，システム運用手順書，システム運用マニュアルなどが策定されているか。 • 規程やマニュアルは，CIOやIT部門長による正式な承認を受けているか。 • 規程やマニュアルの適用範囲が，企業グループ全体，少なくとも企業全体を対象としているか。 • 規程やマニュアルに記載された項目・内容に過不足がないか（COBITやシステム管理基準などと照らし合わせて，過不足がある場合には合理的な理由があるか）。 • 規程やマニュアルが定期的に更新され，最新の状態になっているか。 • 規程やマニュアルが関係部門（開発部門等）に周知・徹底されているか。 • 規程やマニュアルの内容が過度に厳しく業務の円滑な遂行を阻害していないか。 • 運用業務改善のためのPDCAサイクルが盛り込まれているか。 • ISO9001，ISMS，プライバシーマークなどのマネジメントシステムと整合がとれた内容になっているか。
運用管理	• ジョブスケジュールに従って，ジョブが漏れなく適切に実施されているか。 • 組織図などで運用管理責任者が明確になっているか。 • ジョブスケジュール表，実行記録などが作成され，運用管理責任者が承認しているか。 • 運用管理責任者は，ジョブスケジュールやジョブ実行結果について適切なチェックを行っているか。 • システム運用会議（開発部門と運用部門，運用部門内）が定期的に開催され，問題があれば必要な対策を講じているか。 • システム運用規程・マニュアルなどで，システムトラブルに関するエスカレーションルールが明確になっているか。
品質管理	• システム運用に関する規程やマニュアルが整備されているか。 • システムトラブルの発生状況の分析，原因究明が行われ，再発防止などの対策が講じられているか。 • システム運用が社内規程で定められた標準化に沿って行われているか。 • ISO9001やITIL（ITサービスマネジメント）の認証を取得している企業にシステム運用を委託する場合には，どちらの運用規程やマニュアルなどを遵守するか定められているか。 • SLAでサービス水準が明確になっているか。

うことが多いが，内部監査の場合には，全件をレビュー（悉皆調査ともいう）
した方がよいこともある。

　開発部門と運用部門で問題が生じやすいのは，システム移行である。開発
部門は，稼働時期までにシステムを本番に移行しなければならないので，ギ
リギリの日程で本番移行を運用部門に依頼することが少なくない。システム
監査人は，両者の立場を公平な視点で把握し，役割，責任，権限のバランス
がとれているかどうかについても確かめなければならない。

　また，システム運用についても，システム開発と同様にすべて社内で行わ
れることは稀であり，運用業務のすべてまたは一部を外部へ委託している。
そこで，どのような業務を，どのような相手に外部委託しているのかを把握
したうえで，監査を実施する必要がある。

　監査では，システム運用を適切に行うための仕組みやプロセスが構築され，
適切に運用されているかどうかの視点が重要である。具体的には，**図表9-3**
に示すような項目について，監査を実施するとよい。

4　システム保守業務の監査

　システム保守業務は，稼働しているシステムの維持管理・拡充改善を行う
業務であり，画面や帳表のレイアウト変更，組織改革，業務プロセスの変更，
会計処理の変更，勘定科目の変更などによって発生する。システム開発業務
と異なり，現在稼働しているシステムを変更するので，変更内容や変更手順
を間違えるとシステムトラブルが発生するリスクがある。

　システム保守体制の監査では，システム保守部門（維持管理部門）とシス
テム運用部門の間の役割，責任，権限などの切り分けが適切かどうかを確か
めることが重要である。特に業務分掌を注意深くレビューしなければならな
い。保守部門と運用部門で問題が生じやすいのは，変更管理である。変更管
理が適切に行われない場合には，システムトラブルだけではなく，未承認の

◎図表9-4　保守業務の監査項目（例）◎

分類	監査項目（例）
保守体制	• 業務分掌，体制図などで，保守体制が明確になっているか。また，役割，責任，権限が明確になっているか。 • 自社と外部委託先との役割，責任，権限などが明確に定められているか。 • 外部委託先がシステム保守において問題が生じていると考えた場合，あるいはそのおそれがあると考えた場合には，速やかに運用責任者への連絡が行われるような仕組みがあるか。
保守規程・保守手順書・マニュアル	• システム保守規程，システム保守手順書，システム保守マニュアルなどが策定されているか。 • 規程やマニュアルは，CIOやIT部門長による正式な承認を受けているか。 • 規程やマニュアルの適用範囲が企業グループ全体，少なくとも企業全体を対象としているか。 • 規程やマニュアルに記載された項目・内容に過不足がないか（COBITやシステム管理基準などと照らし合わせて，過不足がある場合には合理的な理由があるか）。 • 規程やマニュアルが定期的に更新され，最新の状態になっているか。 • 規程やマニュアルが関係部門（開発部門等）に周知・徹底されているか。 • 規程やマニュアルの内容が過度に厳しく業務の円滑な遂行を阻害していないか。 • PDCAサイクルが盛り込まれているか。 • ISO9001，ISO27001，プライバシーマークなどのマネジメントシステムと整合がとれた内容になっているか。
変更管理	• ソフトウェア変更とデータ変更に関する変更依頼と完了報告に関する手続が定められているか。 • 変更依頼書が依頼部門および保守部門の管理者の承認を得ているか。 • 管理者が変更管理の内容や作業結果を適切に管理しているか。 • 変更完了報告が依頼部門に対して行われ，依頼部門および保守部門の管理者の承認を得ているか。 • 変更理由が妥当なものであるか。 • 変更後の作業確認が行われているか。
品質管理	• システム保守に関する規程やマニュアルが整備されているか。 • 変更依頼の多いアプリケーションシステムがあるか。ある場合には，その理由は妥当か。また，システム改善の余地はないか。 • システム保守が社内規程で定められた標準化に沿って行われているか。 • ISO9001やITIL（ITサービスマネジメント）の認証を取得している企業にシステム保守を委託する場合には，どちらの保守規程やマニュアルなどを遵守するか定められているか。 • SLAでサービス水準が明確になっているか。 • 品質管理体制（人数，スキル，経験など）が適切か。

ソフトウェア変更が行われるおそれがある。システム監査では，変更管理はアクセス管理と並んで重要な監査テーマである。

　システム保守業務の監査でも，システム保守を適切に行うための仕組みやプロセスが構築され，運用されているかどうかの視点で監査を行う。具体的には，図表9-4に示すような項目について監査を実施するとよい。

コラム⑬　どのように問題点を見つければよいか？

　横並び比較と時系列分析を行うと問題点を発見しやすい。横並び比較とは，アプリケーションシステムごとまたは外部委託先ごとに，障害件数・時間（原因別），変更件数（システムやデータ），訂正報告件数などを比較する手法である。これによって，障害の発生が多いアプリケーションシステムを把握できるので，その原因を究明することによって，担当者のスキルの問題，仕事の進め方の問題，管理者の問題，システムの老朽化による問題などがわかる。原因に応じて，担当者教育の実施，業務プロセスの改善，管理者教育やチェックリストの作成，システムの更改といった改善提案を行うことができる。

　時系列比較とは，あるアプリケーションシステムについて，障害件数やシステム変更件数が増加傾向にあるのかを調べる手法である。障害件数が増加傾向にある場合には，それに対する対策の実施状況を確認したり，障害原因を究明して，改善提案を行ったりする。

コラム⑭　システム監査を成功させるために

　システム監査を円滑に実施するためには，①監査コミュニケーション（監査対象部門との関係づくり，監査目的の説明），②監査目的に応じた監査手続の選定（有効性監査，情報セキュリティ監査では監査手続が異なる），③CAATsの活用（限られた監査リソースで最大の成果を上げる監査のためにデータ分析を活用，"現場に（あまり）行かない監査"の実現），④未来志向の監査（将来リスクへの備えはあるか）を行うことが重要である。

第10章 アプリケーションシステムの監査ポイント

1 アプリケーションシステムの監査の進め方

　アプリケーションシステムには，さまざまなものがあり，業種や事業内容によって企業経営における重要度が異なる。システム監査人は，ITの企業

◎図表10-1　監査項目の決め方◎

全体像の把握	アプリケーションシステム一覧表などを入手して，アプリケーションシステムの全体像を把握する。
アプリケーションシステムの把握	アプリケーションシステムのリスクを評価する。例えば，稼働開始からの経過年数，システム規模，IT基盤，ユーザ数（クライアント数），利用者の区分（社内，社外），外部との連携の有無(SCM, 電子商取引, Webシステム)，データの種類（調達，個人情報その他），投資額・運用経費，維持管理要員数などによって，重要度を評価して，ウエイト付けして，リスク評価を行う。AHP(Analytic Hierarchy Process：階層分析法）などの意思決定手法を用いてもよい。
システム連携の把握	アプリケーションシステムとアプリケーションシステムの連携（インターフェイス）に関する課題を発見する。例えば，データ連携におけるエラー，データ連携時の接続障害，手作業によるデータ連携などの状況を把握する。このほかに，インターフェイスの関係（データの種類，タイミング，方法，データ更新の有無など）についての把握が不可欠である。
監査項目の決定	リスクの大きさを評価して，監査項目を決定する。この際に，システムが有効に活用されないリスク，システムが効率的に開発・運用されないリスクなども評価項目に含めるとよい。

経営における役割や重要性を勘案して監査を行う必要がある。

　アプリケーションシステムの監査においては，まず，アプリケーションシステムの全体像を把握することが重要である。また，リスク評価を実施する場合には，当該アプリケーションシステムが停止・遅滞した場合に，社内外にどのような影響が生じるか（業務影響）を考えるとわかりやすい。

　具体的には，**図表10-1**のような手順で進めるとよい。

　アプリケーションシステムの監査で重要なことは，データの入力からデータの活用までデータの流れに沿って，アプリケーションシステムの目的達成を阻害するリスクに対するコントロールが有効に機能しているかどうかを確かめることである。また，システム化目的に沿ってアプリケーションシステムが活用されているかどうかをチェックすることも重要である。

　本章では，アプリケーションシステムの種類ごとに監査ポイントを説明する。

2 販売情報システムの監査

　販売情報システムには，販売処理に関する機能のほかに，販売データの分析機能などがある。販売情報システムは，POS（販売時点管理）システムと連携され，いつ，どこで，だれに，何を，どれだけ，いくらで売ったかというデータを入力・保存・利用し，販売業務の効率化，スピードアップ，業務の質の向上などを図っている。販売情報システムでは，販売案件ごとに処理が行われるので，販売情報システムが有効に活用されないといった問題が発生することは少ない。そこで，販売データの正確性が確保されているかどうかに重点をおいて監査する。

　販売情報システムの監査では，**図表10-2**のような項目について監査を実施するとよい。

◎図表10-2　販売情報システムの監査項目（例）◎

分類	監査項目（例）
受注	• データチェック機能が適切か。 （エラーや訂正処理の発生状況も確かめる） • 訂正入力や取消入力が適切に行われているか。 • パートやアルバイト等の利用が行われていないか。 • 受注の入力・承認・変更などのユーザや承認者が決まっているか。 • 与信管理機能が組み込まれ，適切に運用されているか。 • 受注済みで販売未済のデータをチェックしているか。
値引き／ ポイント	• データチェック機能が適切か。 （エラーや訂正処理の発生状況も確かめる） • 訂正入力や取消入力が適切に行われているか。 • パートやアルバイト等による入力が行われていないか。 • 値引／ポイント処理（値引き／ポイントの適用）の利用者が限定され，管理者の承認を受けているか。 • 値引率／ポイントの登録者（率，対象商品，適用期間など）および利用者が特定され，管理者の承認を受けているか。 • 値引き／ポイントの適切性をチェックしているか。
返品	• データチェック機能が適切か。 （エラーや訂正処理の発生状況も確かめる） • 訂正入力や取消入力が適切に行われているか。 • パートやアルバイト等による入力が行われていないか。 • 返品処理の入力者が限定され，管理者の承認を受けているか。 • 返品の適切性をチェックしているか。
データ活用	• 販売データの分析が行われ，販売戦略に活用されているか。 • 営業拠点，営業チーム，担当者ごとの分析が行われ，販売戦略に活用されているか。 • 値引き／ポイントによる売上や在庫削減の効果を分析しているか。
他システムとの データ連携	• 在庫引当処理が適切に行われているか，在庫引当に関する障害が発生していないか。 • 受注あるいは販売データが仕入管理システムの発注データの作成と連携しているか。 • 仕入管理システム（購買情報システム）とのデータ連携に関する障害が発生していないか。 • 販売情報システムのユーザ登録について人事システムとデータ連携が行われているか。 • 人事情報システムとのデータ連携の対象になっていないユーザ登録機能がないか。 • 販売データが正確かつタイムリーに会計情報システムへ連携されているか。データ連携に関する障害が発生していないか。

3 営業支援システムの監査

営業支援（SFA）システムは，顧客の情報を収集し，売込み，見積・提案，受注，販売という一連の営業活動を支援するためのシステムである。営業業務では，従来から営業日報を作成し，顧客訪問，商品・サービスの説明，見積・提案などの活動を記録し，顧客に合った営業活動を行い，売上高の増大につなげてきた。営業支援システムは，それをシステム化したものと考えればよい。

販売情報システムは，販売にともなって必ず利用しなければならないもの

◎図表10-3　営業支援システムの監査項目（例）◎

分類	監査項目（例）
目的の理解	・ユーザ（営業の担当者および責任者）にシステム化の目的が周知・徹底されているか。 ・営業管理者が，システムの活用方法や管理ポイントを理解しているか。
入力状況	・データチェック機能が適切か。 （エラーや訂正入力の発生状況を確かめる。） ・システムへの入力項目について，任意項目と必須項目が適切に設定されているか。 ・任意入力項目について，システム化目的にしたがって，可能な限り入力されているか。入力されていない場合の原因分析が行われ，必要な改善策が講じられているか。 ・入力内容が正確でタイムリーなものになっているか。
活用状況	・システムの利用状況について，営業拠点，営業チーム，担当者単位に比較分析しているか。 ・利用度が低い営業拠点等の原因分析を行い，必要な対策（本社による指導・支援を含む）を講じているか。 ・利用度が高い営業拠点等の原因分析を行い，それをベストプラクティスとして社内に紹介するなどの利用促進策を講じているか。 ・責任者（所長・チームリーダなど）は営業担当者に対してシステムの活用を指導しているか。
他システムとの連携	・販売情報システムなどとデータ連携を行い，有効活用を図っているか。

であるのに対して，営業支援システムは，必ずしも利用しなくても営業活動ができる。営業担当者は，営業活動を手帳に記録し，それに基づいて営業活動を行うこともできてしまうからである。そこで，営業支援システムでは，システムが十分に活用されないリスクが大きくなる。営業支援システムのように業務プロセスの改革を進めるアプリケーションシステムの場合には，システム化目的の理解が重要になることに留意して監査を実施することが重要である。営業支援システムの監査では，**図表10-3**に示すような項目について監査を実施するとよい。

4　生産管理システムの監査

　生産管理システムは，生産ライン等を制御するものと，生産計画に関するものに分けられる。ここでは，生産計画に関するシステムを対象に監査ポイントを説明する。生産管理システムは，どの製品を，いつまでに，いくつ，生産するのかを管理するためのシステムであり，必要な資材（原材料・部品など）を算出する機能などをもっている。生産計画は，販売計画と密接な関係にある。例えば，どの製品が，いつ頃，どれくらい販売できるかを見積もった販売計画に基づいて，生産計画が策定される。こうした前提をふまえて，生産管理システムの監査を行う必要がある。

　生産管理システムの監査では，**図表10-4**に示すような項目について監査を実施するとよい。なお，生産制御システムは，製造設備の一部分として捉えることができる。システム監査として単独で実施するのではなく，製造設備の監査の一環として実施してもよい。

◎図表10-4　生産管理システムの監査項目（例）◎

分類	監査項目（例）
入力状況	・生産予定情報の正確性を確保するための，データチェックが行われているか。また，管理者によるチェックなどを行っているか。 （エラーや訂正入力の発生状況も確かめる。）
活用状況	・生産管理システムが有効に使われているか。システムのアウトプットが使われていなかったり，手作業で数値を毎回修正したりするようなことを行っていないか。 ・歩留率，製品品質などを把握する機能があり，その結果を品質改善につなげているか。 ・SCMシステムが導入されて，資材発注管理などの効率化が図られているか。 ・生産管理システムの対象になっていない製品がないか。 ・多品種少量生産など企業の状況に応じた生産管理システムになっているか。 ・将来の新製品の製造に備えた対応力（柔軟性）があるか。 ・販売数量と生産数量との間に合理的でない差異が発生していないか。
障害の発生状況	・原材料・部品の調達先におけるシステム障害などが自社の生産活動に及ぼす影響（リスク）を把握しているか。
他システムとのデータ連携	・生産管理システムと購買情報システムのデータ連携が行われているか。 ・生産制御システムから実績データが連携されているか（製造実績を自動的に把握する仕組みがあるか）。 ・在庫管理システムと生産管理システムのデータ連携が行われているか。 ・販売情報システムとのデータ連携が行われているか，また，生産予定データ補正の仕組みがあるか。 ・データ連携における連携データのインテグリティを確保する仕組みがあるか。

5 物流情報システムの監査

　物流業務は，決められた納期までに安全・確実に商品などを輸送あるいは配送する業務である。したがって，物流情報システムの監査では，こうした物流業務の目的達成に貢献しているかどうかを確かめることになる。具体的には，物流情報システムのユーザおよび利用拠点，ネットワーク構成などを把握したうえで，図表10-5に示すような項目について監査を実施するとよい。

◎図表10-5　物流情報システムの監査項目（例）◎

分類	監査項目（例）
入力状況	・物流情報が正確・適時に入力されているか。 ・物流情報の正確性や適時性に起因する顧客からのクレームが発生していないか。
活用状況	・物流の効率性を分析するような機能がある場合には，それを物流ルートの見直しなどに活用しているか。 ・配送状況を把握できる場合には，ボトルネックの発見などに物流情報システムを活用しているか。 ・GPSシステム，ナビゲーションシステムなどを利用して，配送経路の効率化を図っているか。 ・車両の稼働率を分析し，稼働率の向上に活かしているか。 ・物流情報システムに運転者情報を保有している場合には，勤務時間などを把握し，コンプライアンス上の問題が発生しないようにしているか。 ・運転手や倉庫担当者の物流情報システムに対する要望や不満がないか。 ・倉庫や物流センタ間で異なる物流システムが利用されていたり，手作業で倉庫業務が行われている拠点がないか。
倉庫業務	・倉庫業務についてもタブレット端末，ハンディー端末，バーコード，RFIDなどのITを利用した効率化が図られているか。 ・棚卸機能が利用されているか。 ・システム上の品名・数量と実残の間に著しい差異が発生していないか。物流情報システム（倉庫システム）に起因するような原因はないか。
個人情報保護	・配送先が個人である場合には，個人情報の保護が適切に行われているか。 ・配送伝票が紙の場合には，その保管・管理が適切に行われているか。 ・個人情報取扱者に対する教育がパート，アルバイトを含めて適切に行われているか。
他システムとのデータ連携	・物流情報システムに連携されているデータはないか。 ・倉庫システムとのデータ連携が行われているか。行われていない場合には，倉庫システムへのデータ入力の効率性の視点から問題がないか。行われている場合には，データの不整合などが発生していないか。 ・データ連携にかかわるクレームが発生していないか。 ・他社の物流情報システムを利用している場合には，自社の物流情報システムとのデータの整合性を確保しているか。

6 人事情報システムの監査

　人事情報システムでは，基本情報（氏名・住所・生年月日・学歴・職歴・扶養家族，正社員，準社員などの雇用区分など），所属部署，人事異動，資格情報（社内職能資格，昇進・昇格など），給与情報（基本給，時間外勤務

◎図表10-6　人事情報システムの監査項目（例）◎

分類	監査項目（例）
入力状況	・データチェック機能が適切か。 （エラーや訂正入力の発生状況も確かめる。） ・入力情報の正確性が確保されているか。 ・入力情報に誤りがある場合には，速やかに修正しているか。 ・給与・賞与テーブル更新時の計算処理をチェックしているか。 ・退職金の計算書処理のチェックが適切に行われているか。 ・通勤経路のチェックは適切に行われているか。 ・給与振込口座のチェックは適切に行われているか。
活用状況	・人事評価の公平性などをデータ分析してチェックしているか。 ・保有資格の情報を分析し，それを社員教育などに活用しているか。 ・コンプライアンス違反が発生しないように残業時間や休日勤務の状況を分析しているか。 ・不正な手当や架空の残業が申請されないようにするためのデータチェック機能やデータ分析を行っているか。
不正防止	・パート，アルバイトなどの採用を事業所の権限で行える場合には，架空の従業員が採用されないようにチェックしているか。
個人情報保護	・人事情報の機密性が確保されているか。人事担当者，管理者などの職務に応じて適切にアクセス権が付与されているか。 ・アクセス状況を定期的にモニタリングし，不正なアクセスを発見するようにしているか。
他システムとのデータ連携	・勤怠情報システムとデータ連携をしている場合には，データのインテグリティを確保する仕組みがあるか。 ・会計情報システムとデータ連携するための自動仕訳が適切に行われているか。 ・固定資産システムとデータ連携（固定資産の取得に係る人件費の連携）している場合には，データの連携が正確かつ適時に行われているか。

手当，各種手当，年俸，通勤費，振込口座など），賞与情報（成績査定結果，振込口座など），退職給付情報（退職金に関する情報，振込口座など），その他情報（特技，語学力，公的資格など）といった，さまざまな情報を保有・管理している。

人事情報システムの監査では，**図表10-6**に示すような項目について監査を実施するとよい。

7 購買情報システムの監査

購買情報システムは，原材料・商品などの調達業務を支援するものであり，金銭の支払いに関係するので，適切なシステム利用が行われなければ，不正が発生する可能性がある。また，コスト低減や製品や商品の品質にもかかわるので，公正な調達が行われるようにシステムを利用することが重要である。こうしたシステムの利用面に加えて，当然のことながら購買業務におけるリスクに対応するコントロールが購買情報システムに機能として組み込まれていなければならない。

購買情報システムの監査では，**図表10-7**に示すような項目について監査を実施するとよい。

◎図表10-7 購買情報システムの監査項目（例）◎

分類	監査項目（例）
入力状況	・データチェック機能が適切か。 （エラーや訂正入力の発生状況も確かめる。） ・件名・商品名などの登録が正確に行われているか。 ・購買データの訂正が多発していないか。多発している場合には，その原因究明が行われ，改善が行われているか。 ・取引先，支払金額，検収日などの入力が正確に行われているか。 ・取引先の登録・変更権限が適切に管理されているか。

活用状況	• 調達した原材料・商品などの価格の比較分析機能があるか。ある場合には，それを活用して価格折衝などに活かしているか。 • 部門別の調達実績の分析機能があるか。ある場合には，それを活用して部門によって調達単価に差異が発生していないか，また，調達戦略に活かしているか確かめる。 • 特定の原材料・商品について，在籍人員，売上高などを考慮して部門間で異常値が発生していないか。 • 取引先ごとの調達状況の集計分析機能があるか。ある場合には，それを利用して特定の取引先に偏った調達の有無を分析しているか。
不正防止	• 購買業務における職務上の必要性をふまえて，アクセス権が付与されているか。 • 特に，購買依頼・購買決裁・発注・検収などの業務について，権限が同一の者になっていないか（職務の分離が確保されているか）。 • 担当者と責任者（部課長）の権限が分離されているか。 • 承認者が出張・病欠などで不在時の対応は適切か。 • 代行決裁の機能がある場合には，それが適切に利用されているか。例えば，部署や承認者による代行決裁の利用状況に著しい差異が発生していないか。 • 購買金額に応じて承認権限を区分しているか。
業務改善	• 購買依頼入力，承認入力，購買決定，発注までの一連の流れにボトルネックが発生していないか（購買データの入手・分析）。 • 発注仕様書，見積書などの証憑が電子化されているか，紙の場合には，それらの保管・管理が適切かつ効率的に行われているか。 • 生産数量と原材料の調達数量，販売数量と商品の仕入量との間に合理的でない差異が発生していないか。 • 在庫数量と調達数量との間に合理的でない差異が発生していないか。例えば，在庫数量が増加しているのにもかかわらず，原材料や商品の調達を継続していないか。 • 発注ロットの設定機能があり，定期的に見直しが行われているか。 • EOS（Electronic Ordering System）を採用している場合には，在庫切れ，過剰在庫が発生しないように最適発注量が設定されているか，また定期的に設定値が見直されているか。 • 工事や業務委託を購買情報システムで扱っている場合には，分割支払い・出来高払いなどの機能が適切か。
他システムとのデータ連携	• 会計情報システムとデータ連携するための自動仕訳が適切に行われているか。 • 購買情報システムと販売情報システムとデータ連携している場合には，商品の発注データの連携が正確かつ適時に行われているか。 • 生産管理システムとデータ連携している場合（固定資産に該当する購買）には，原材料の発注データの連携が正確かつ適時に行われているか。 • 固定資産システムとデータ連携している場合には，データの連携が正確かつ適時に行われているか。

8　会計情報システムの監査

　会計情報システムについては，内部統制報告制度における内部統制の有効性評価において，IT統制の有効性が評価されている。そこで，内部監査としてのシステム監査を実施する場合には，IT統制の有効性評価の評価項目

◎図表10-8　会計情報システムの監査項目（例）◎

分類	監査項目（例）
入力状況	・仕訳（会計データ）の入力・承認等に関する権限が適切に付与されているか。 ・データ（勘定科目，勘定所属部署，計上日，計上額など）のチェック機能が適切か。 ・自動仕訳の設定が適切に行われているか。 ・組織再編における会計データの移行処理が正確・適時に行われているか。
活用状況	・会計情報（画面・帳票）が経営に役立っているか。 ・画面・帳票の利用状況を分析し，経営者や管理者に提供する会計情報の見直しを行っているか。 ・管理会計の画面・帳票がタイムリーに提供されているか。 ・予算（当初予算，期中見直し予算）の設定が適切に行われているか。 ・予算管理制度に沿った管理会計システムになっているか（例えば，件名管理，部門・事業ドメイン単位の管理など）。
不正防止	・仕訳データの削除・変更（訂正）の権限は，特定の者に限定されているか。 ・会計データの削除・変更の発生状況を定期的にチェックしているか。不正な削除・変更が行われないようにチェックしているか。
業務改善	・会計データの削除・変更が多い場合には，業務プロセスの見直し，管理者・担当者への教育，システム機能の改善などを検討・実施しているか。 ・RPAや，スプレッドシートで作成した資料からのデータ取り込み機能を活用して，入力作業の効率化を図っているか。 ・エクスポート機能を利用して，データの活用ができるようにしているか。
電子帳簿保存法	・電子帳簿保存法への対応が適切に行われているか。例えば，裏付け証憑の電子化，電子取引データの保存などが法令の定めに従っているか。
他システムとのデータ連携	・他システムからのデータ連携が正確・適時に行われているか。 ・データ連携にかかわるトラブルが発生している場合には，原因究明，再発防止が図られているか。 ・他のアプリケーションシステムとの管理上の境界が明確になっているか。

とシステム監査の監査項目が重複しないように配慮する。

　例えば，アクセス管理，変更管理，自動仕訳，自動計算，インターフェイスなどについては，財務報告の信頼性確保の視点からIT統制の有効性が評価されるので，システム監査では，視点を変えて監査を行う必要がある。具体的には，業務およびシステムについて効率性や改善可能性の視点から監査を行うとよい。データ変更が頻発している場合には，システム機能の改善をすべきかどうかを監査すればよいし，システム変更が増加している場合には，システムの再構築などの検討を改善提案してもよい。このような指摘・改善提案は，変更手続が社内規程や業務マニュアルに従って実施していれば，IT統制の有効性評価では行われないからである。

　会計情報システム（財務会計システム）の監査では，**図表10-8**に示すような項目について監査を実施するとよい。

9 コールセンターシステムの監査

　コールセンターは，顧客との重要な接点であり，ITが重要な基盤となっている。コールセンターでは，CTI（Computer Telephony Integration）と呼ばれるシステムが導入されており，電話やFAXとコンピュータを統合し，これを利用して顧客からの問い合わせや注文に対応している。顧客からの電話が発信者番号表示機能を利用している場合には，発信者番号と顧客管理システムを連携させて，顧客から電話があるとオペレータと呼ばれる受付担当者の端末の画面に当該顧客の情報が表示され，顧客対応を円滑に行うことができる。また，顧客対応を行うために顧客管理システムや販売情報システムなども利用される。

　コールセンターシステムの監査では，**図表10-9**に示すような項目について監査を実施するとよい。

◎図表10-9　コールセンターシステムの監査項目（例）◎

分類	監査項目（例）
入力状況	・受付情報の確認が適切に行われているか。 ・受付教育の内容が十分か，対象者に対して漏れなく教育を実施しているか。
アクセス管理	・受付システムや顧客管理システムなどコールセンター業務で利用している情報システムのアクセス権が業務上の必要性をふまえて付与されているか。 ・受付システムや顧客管理システムなどコールセンター業務で利用している情報システムのアクセス権の定期的な見直しが行われているか。 ・受付システムや顧客管理システムなどコールセンター業務で利用している情報システムのアクセス状況を定期的にモニタリングし，不正なアクセスや利用が行われないようにしているか。
不正防止	・監視カメラが設置されているか。設置されている場合には，映像の保管・管理，保管期限などが適切に行われているか。 ・コールセンター勤務者に対する事前の説明が行われ，了解が得られているか。 ・コンプライアンス教育を定期的に実施しているか。
個人情報保護	・個人情報保護教育を他部門よりも多い頻度で実施しているか。情報セキュリティ教育を他部門よりも多い頻度で実施しているか。 ・スマートフォン，タブレット端末やデジタルカメラなどの持ち込みが禁止されているか。 ・オペレータの顧客との対応記録が録音されているか。 ・録音されている場合には，その保管・管理，保管期限などが適切に行われているか。また，個人が特定できる場合には，利用目的の周知・公表などが行われているか。 ・外部委託契約が適切な内容で締結されているか。
業務改善	・顧客の待ち時間を分析して，オペレータの要員数の見直し，電話回線の増加を行うなど，顧客満足度の向上に努めているか。 ・クレームや問い合わせ対応が適切に行われているか。 ・クレームや問い合わせの他部署への引き継ぎが適切に行われているか。 ・クレームや問い合わせに関する記録が残され，管理者が内容をチェックしているか。 ・クレームや問い合わせの内容について，定期的に分析が行われているか。 ・クレームや問い合わせの根本分析が行われ，商品やサービスの開発，営業活動などの改善に活かされているか。
業務継続	・CTIのバックアップを構築し，定期的な訓練を行っているか。 ・電話回線をIP電話のほかに公衆回線も利用するなどの複数系統化が行われているか。 ・停電に備えて自家発電設備やバッテリーなどの対策を講じているか。 ・災害時のバックアップ要員を確保しているか。

コラム⑮ 本人確認の難しさ

　電話での問い合わせの場合には，本人確認が難しい。例えば，住所，氏名だけによる本人確認では，他者の成りすましを防止することは難しい。そこで，顧客番号，電話番号，生年月日などを組み合わせて本人を確認することになる。一方，本人確認を厳密に実施しようとすると，顧客対応に時間がかかり，顧客からの新たなクレームにつながることも考えられる。

　そこで，システム監査人は，本人確認のリスクを適切に評価しているかどうか，つまり，問合せの内容（個人情報の重要度）を評価して，本人確認手順を作成し，担当者に周知しているか，担当者はそれを実施しているかどうかを確かめることが大切である。

　また，個人情報保護法に基づく開示請求の場合には，より厳密な本人確認が必要になるので，通常の問い合わせ対応と異なる開示手続が定められ，運用されているかどうかを確かめる必要がある。

　なお，問合せ内容やクレームについてはデータベース化するなどして，情報の共有化を推進し，顧客対応の向上につなげるような取組みを行っているかどうかについても監査するとよい。

第11章

テーマ監査のポイント

1 情報セキュリティの監査

　情報セキュリティに関する監査には，情報セキュリティ管理の仕組みやプロセスを監査するもの（**図表11-1参照**）と，情報ネットワークや情報機器の脆弱性等について監査するもの（**図表11-2参照**）とがある。システム監査人が脆弱性を検査する機器やソフトウェアを直接操作することは，内部監査実務上は少ない。システム監査では，通常，情報セキュリティ管理の仕組みやプロセスや脆弱性検査等の実施状況を検証・評価することになる。

　なお，情報セキュリティの監査というと，情報漏えいの防止対策の状況の監査というように機密性について監査することを連想するシステム監査人も少なくないと考えられるが，情報セキュリティ監査の場合には，情報セキュリティの構成要素である機密性，可用性，インテグリティの3つの視点から監査する必要がある。

(1) 機密性

　機密性は，業務上必要な者が必要なときに必要な情報にしかアクセスできない状態のことをいう。機密性の監査では，アクセス管理の適切性を確かめることになる。アクセス管理は，ネットワーク，サーバ，データベース，アプリケーションシステムなどさまざまな階層で行われているので，どの階層を監査対象とするのか，あるいはどの階層を監査対象としなければならないのかを検討する。

◎図表11-1　情報セキュリティ管理体制の監査項目（例）◎

分類	監査項目（例）
情報セキュリティ ポリシー等	• 情報セキュリティポリシーや規程等が策定されているか。 • 情報セキュリティポリシーや規程等は定期的に更新されているか。特に最新の情報セキュリティインシデントを踏まえて改訂されているか。
情報セキュリティ 推進体制	• 情報セキュリティの推進体制が定められているか。 • 連絡体制が明確に定められ，報告経路，報告手順が明確に定められているか。 • 報告手順に従って，上位者に適時・適切に報告が実施されているか。 • 情報セキュリティ担当者に対する教育が定期的に実施されているか。
情報セキュリティ リスクの評価	• 情報資産の見直しが定期的に行われているか。 • 情報セキュリティに関わるリスク評価が行われているか。また，定期的に見直しが行われているか。 • リスク評価には，関係者が参加しているか。 • 社内外で発生している情報セキュリティインシデントを踏まえて，リスク評価が行われているか。 • システム運用段階だけではなく，システム開発段階やシステム保守段階におけるリスク評価も実施しているか。
情報セキュリティ 対策	• リスクの大きさに応じて，情報セキュリティ対策が構築されているか。 • 情報セキュリティ対策が適切に運用されているかどうか，定期的に検証・評価されているか。 • 情報セキュリティ対策は，定期的に見直されているか。 • 情報セキュリティ対策の一部を外部委託している場合には，秘密保持等を定めた契約を締結し，定期的に外部委託状況を確かめているか。 • システム開発段階，システム運用段階，システム保守段階における脆弱性検査，負荷テストなどが定められ，実施されているか。 • 情報セキュリティ対策は，物理的対策，論理的（技術的）対策，管理的対策の視点からバランスがとれているか。 • 情報セキュリティ対策は，予防，発見，回復（復旧）の視点からバランスがとれているか。
モニタリング	• リスクやコントロールの状況を定期的にモニタリングしているか。 • モニタリングの結果を経営者に報告しているか。 • モニタリングの結果が，リスク評価および情報セキュリティ対策の見直しに反映されているか。

◎図表11-2　脆弱性検査等の状況に関する監査項目（例）◎

分類	監査項目（例）
脆弱性検査の実施者	• 脆弱性検査の実施者が必要なスキル・能力を備えているか。 • 脆弱性検査を外部に委託する場合には，外部委託先の評価を適切に実施しているか。 • 脆弱性検査を外部に委託する場合には，守秘義務等を含めた契約を締結しているか。
脆弱性検査の対象・時期	• 脆弱性検査の対象は，すべての情報機器を対象にしているか。 • 新しい情報システムが検査対象に含まれているか。 • モバイルコンピュータについても検査対象に含めているか。 • システム開発段階（システム保守を含む）における脆弱性検査を実施しているか。
脆弱性検査の内容	• サーバ，パソコン，プリンターだけではなく，複合機も脆弱性検査の対象に含めているか。 • IPA（独立行政法人情報処理推進機構）が公表する脆弱性検査（ソースコードセキュリティ検査，ファジングによる検査，システムセキュリティ検査，ウェブアプリケーションセキュリティ検査）などを参照して脆弱性検査の内容を決めているか。
脆弱性検査の結果	• 脆弱性検査の結果は，経営者や関係者に適時かつ適切に報告されているか。 • 脆弱性に関する報告書は，適切に管理されているか。 • 脆弱性検査を外部に委託している場合には，不要となった文書，データ等が削除されているか。
脆弱性の改善	• 発見された脆弱性については，重要度に応じて適時かつ適切に改善されているか。

(2) 可用性

　可用性とは，システムを利用したいときに利用できる状態にあることである。したがって，可用性の監査では，システムトラブルやネットワーク障害の発生状況（件数，時間，影響範囲など），システムのパフォーマンス，レスポンスタイムなどについて確かめる。また，システム開発時に負荷テストを実施しているかどうかを確かめる必要がある。

(3) インテグリティ（完全性）

　インテグリティとは，データの正確性や信頼性のことであり，完全性，保

全性，首尾一貫性とも訳されている。インテグリティの監査では，データに焦点を当てて監査を行う。データの入力から出力までの流れを追いかけて，データのインテグリティの確保が阻害されるリスクを把握し，コントロールの状況を監査する。

　なお，インテグリティ確保について効率性の視点から監査を行うことも忘れてはならない。システムの拡充改善によって，さまざまなデータ連携方式が混在している場合には，データ連携方式の標準化や統一を図ることを改善提案する必要がある。データ連携方式の標準化・統一化によって，システムの運用および維持管理業務の効率化を図ることが可能になるからである。

コラム⑯ サイバーセキュリティ対策

　情報セキュリティ監査の中でも，サイバーセキュリティ対策の適切性を検証・評価することが重要になっている。サイバーセキュリティ対策の監査では，入口対策，出口対策，内部対策の３つの視点から監査を行うことが一般的である。

　入口対策とは，サイバー攻撃を水際で防ぐ対策のことであり，ファイアウォール，WAF（Web Application Firewall），IDS（Intrusion Detection System：侵入検知システム），IPS（Intrusion Prevention System：不正侵入防止装置），ウィルス対策ソフトなどがある。また，標的型メール攻撃に対応するために，不審なメールを開かないように従業員に教育することも含まれる。出口対策とは，内部に入り込んだウィルスによって内部情報を外部に送信されないようにするために，不正な通信を検知して遮断する対策である。内部対策とは，コンピュータウィルスなど不正なプログラムの活動を検知して，強制終了させる対策，情報の外部持出を防ぐためのファイルサーバの暗号化，システム管理者のモニタリングがある。ウィルス対策ソフトのパターンファイルが更新される前に内部に入り込んだコンピュータウィルスを発見するための定期的なウィルスチェックがある。

　システム監査人は，以上のようなサイバー攻撃に対する対策のバランスがとれているかどうかに着目して監査を実施することが大切である。

2 アクセス管理の監査

　アクセス管理の監査は，システム監査で行われる代表的な監査の１つである。アクセス管理の監査で，特に注意しなければならないことは，アクセス権限の設定とアクセス状況のモニタリングである。アクセス権限は，「Need to Know（業務上の必要性）の原則」に従って業務内容との関係をふまえて付与されなければならない。例えば，システム管理者には，一般ユーザよりも大きな権限が付与されているが，これは，システム管理者には，サーバやソフトウェアを維持管理する必要性があるからである。ユーザに対しても，その業務内容（職務上の権限）をふまえて，参照・追加・削除・変更などの権限が付与される。また，業務管理者には，一般従業員と異なる権限が付与される。例えば，一般ユーザ（担当者）には，データの入力権限だけが付与されるが，業務管理者には，入力されたデータの承認権限だけが付与され，入力権限は与えない。一度承認されたデータの削除・変更については，一般ユーザには付与しないというようにアクセス権限が適切に付与されているかどうかを確かめることが大切である。

　したがって，システム監査人は，アクセス管理に関するシステム機能を理解しているだけでは，適切な監査を実施することはできない。システム監査人は，システム管理者の業務内容や，一般ユーザが担当している業務内容について理解しておかなければならない。

　システムを導入するときには，管理者権限の付与が必要になるが，初期導入のさいのIDおよびパスワードの変更が行われずに，初期値がそのまま利用できる状況になっていることがある。システム導入完了後のIDおよびパスワードの初期値の変更が適切に行われているかどうかを確かめることも忘れないようにする。

　アクセス権限は，入社・退職，人事異動，業務分担の変更などによって変化する。入社・退職，人事異動の場合には，人事情報システムとデータが連

◎図表11-3　アクセス管理における監査項目（例）◎

分類	監査項目（例）
アクセス管理機能	• パッケージソフトや自社開発のソフトウェアにどのような機能があるか（ソフトウェアの導入定義書や導入作業報告書のレビュー，運用管理者への質問，ベンダへの確認，製品説明会への参加など）。 • その機能を適切に活用しているか。
アクセス権の付与	• アクセス権の申請は適切に行われているか。 • 業務上の必要性をチェックしているか（業務分掌・職務権限表・業務分担表などと突合して問題がないか）。 • 管理者がアクセス権付与を承認しているか。 • 異動者に対するアクセス権の変更が適時に行われているか。 • 人事情報システムと自動連携しているか。 • 自動連携していないユーザのアクセス権付与は適切に行われているか。
アクセス権の削除	• 担当業務の変更などによるアクセス権の削除申請は適時に行われているか。 • 人事情報システムと自動連携してアクセス権の削除が行われているか。 • 退職者に対するアクセス権の削除が適時・適切に行われているか。 • 人事情報システムと自動連携してアクセス権が削除されないユーザ（パート，アルバイト，派遣社員など）のアクセス権削除が適時に行われているか。
アクセス権の棚卸	• アクセス権付与者の棚卸が定期的に行われているか。 • 棚卸の時期は適切か（定期異動などを考慮しているか）。
パスワード管理	• パスワードの桁数・英数字記号・大文字小文字の利用などは適切か。 • パスワードの使い回しが行われていないか。 • パスワードが他者に見られないようにしているか。 • パスワード変更の頻度は適切か。
アクセス状況の分析	• アクセス状況が定期的に分析されているか。 • 情報システムのアクセス状況を定期的にチェックしているか。 • ネットワーク管理ソフトなどを利用している場合には，それを活用してアクセス状況をチェックしているか。 • チェックしている場合には，具体的な内容を確かめる。アクセスが行われていないアクセス権について，アクセス権が削除されているか。 • 業務上必要のないユーザによる夜間・休日などのアクセスが行われていないか。 • 業務上，アクセスがあるべきユーザがアクセスしているか。
媒体の管理状況	• 媒体管理規程やマニュアルで媒体管理のルールが明確になっているか。 • バックアップ媒体を施錠保管しているか。 • USBメモリなどの媒体の利用を制限（接続制限を含む）しているか。 • 媒体の外部持ち出しを制限しているか。 • 媒体の持ち込みを制限しているか。 • 媒体は暗号化されているか。 • 出力帳票が適切に管理されているか（施錠保管など）。 • 出力帳票が適切に配付されているか（専用ケースによる配付など）。
機器	• パソコンなどの盗難防止策を講じているか。 • スマートフォン，タブレット端末などの管理が適切に行われているか（パスワード保護，マルウェア対策など）。 • 現品確認を毎日実施しているか。
システム管理者	• システム管理者のアクセス状況を監視するためのソフトウェアを導入しているか。 • システム管理者のアクセス状況を定期的にチェックしているか。 • アクセスは，業務上必要なものか。 • システム管理者の業務状況を管理者がチェックしているか。

携されて，自動的にアクセス権限が変更されている仕組みが導入されていることが少なくない。システム監査人は，アクセス権限の自動変更機能の内容（タイミングや網羅性など）を把握し，適切かつ適時に変更されるようになっているか確かめる。人事情報システムでは，従業員と所属部署の関係を自動的に判断でき，アクセス権限を変更できるが，所属部署のなかでさまざまな業務がある場合には，適切にアクセス権限を設定できない場合がある。また，人事情報システムとのデータ連携が月次処理で行われている場合には，実際の月中に行われた人事異動の結果が，適時にアクセス権の変更に反映されない場合もある。システム監査人は，こうしたリスクにも注意して監査を実施しなければならない。

　アクセス管理の監査は，必ずしも不正アクセスに対するコントロールの有効性を確かめるだけではない。システムが有効に活用されているかどうかについて，アクセス状況を分析・評価する場合もある。例えば，営業支援システムの利用状況を営業所別あるいは営業担当者別に比較して，有効活用されているか確かめる場合もある。

　アクセス管理の監査では，アクセス権付与申請書，アクセス権付与リスト（画面）などのレビューや，アクセスログの分析などによって，**図表11-3**に示すような事項を確かめるとよい。

コラム⑰　システム管理者による不正

　システム管理者による不正アクセスは課題である。大手通信会社の子会社の元派遣社員のシステム管理者が顧客情報を不正に入手し，名簿業者に販売して大きな問題になった事例がある。また，委託先の事業者が調達に係る情報を不正に入手し，当該企業の営業部門に情報提供していた事例もある。システム管理者は，一般利用者よりも強い権限を有し，専門知識やスキルをもっているので，アクセス管理の適切性を確保するために，システム管理者に対するコントロールを強化することが求められている。

3 変更管理の監査

　変更管理は，システム監査において重要な監査テーマである。システムが変更された場合に，システムトラブルが発生することが少なくないからである。システム変更によって，思わぬところでシステムダウンや誤処理が発生することがある。そこで，システム監査人は，システムの変更管理プロセスを把握して，システム変更による障害や不正の発生を低減するためのコントロールが有効に機能しているかどうかを確かめる必要がある。

　変更管理には，アプリケーションシステムの変更，システム構成の変更，データ変更などがある。アプリケーションシステムの変更とは，新しい画面の追加や機能の変更などのためにプログラムなどの内容を変更するものである。システム構成の変更とは，新しいソフトウェアの導入，サーバやパソコンの機器構成の変更などのことである。データ変更とは，通常のシステムによるデータ処理ではなく，臨時のプログラムを作成して既存のデータを置き換えるなどのデータ自体を変更するものであり，組織改編や法令等の変更などによって発生する。データ変更は，データの内容が直接変更されるので，データの内容自体に誤りが発生し，顧客や取引先に迷惑を及ぼしたり，他のデータベースと整合のとれないデータになったりするリスクがあるので，システム監査人は，特に注意して監査する必要がある。

　システム変更やデータ変更は，システムオーナやデータオーナの依頼に基づいて行わなければならず，オーナ部門の責任者の承認と，システム部門の責任者の承認が必要になる。承認が適切に行われていない場合には，不正な機能がプログラムに組み込まれたり，不正なデータ変更が行われたりするリスクが高いからである。システム監査人は，支払など金銭が絡むプログラムまたはデータの変更や，取引先登録に関する変更の場合には，特に注意を払って変更管理の適切性を確かめなければならない。

　監査実務においては，変更依頼書および変更作業完了報告書などのレビュ

◎図表11-4　変更管理の監査項目（例）◎

分類	監査項目（例）
変更依頼	・変更依頼書が作成されているか（変更ログはあるが変更作業依頼書がないものはないか）。 ・変更依頼書は，依頼部門の責任者の承認を受けているか。 ・変更依頼書は，IT部門の責任者の承認を受けているか。 ・同じような変更依頼が繰り返し行われていないか。
変更作業	・変更作業に作業工数や期間が異常にかかっているものがないか。 ・本来の担当者以外の者が変更作業を行っていないか（従業員名簿や作業分担表と変更作業完了報告書を突合する）。 ・特定の担当者に変更作業が集中していないか。 ・変更作業を行っている時間帯に問題がないか。 ・変更作業を行っている場所（外部委託先を含む）の情報セキュリティが確保されているか。 ・変更作業の件数・作業工数・コストなどについて，アプリケーションシステム間で比較して，異常値がないか。 ・テストや変更内容の事後確認が行われているか。
完了報告	・変更作業完了報告書は，IT部門の責任者の承認を受けているか。 ・変更作業完了報告書は，依頼部門に送付され，依頼部門の責任者の承認を受けているか。 ・変更依頼書と変更作業完了報告書の整合がとれているか（依頼日時と完了日時が逆転していないか，依頼内容から外れた作業を行っていないか）。

ー，変更ログの分析などによって，例えば，**図表11-4**に示すような事項を確かめるとよい。なお，変更管理については，作業の信頼性・正確性だけではなく，変更作業の効率性やシステム改善の視点からも監査を行うようにすることも忘れてはならない。

4 障害管理の監査

　障害管理は，システム監査において重要な監査テーマである。障害が発生するとシステムの停止や処理の遅滞，誤処理などにつながり，顧客，取引先，社内各部門などに多大な影響を与える。また，顧客が自社から離れたり，取

引先が自社との取引をやめたり，縮小してしまうこともある。

　障害対応は，変更管理と異なって，システムオーナ部門などの依頼に基づいて作業が行われるわけではない。この点が変更管理と大きく異なる点である。つまり，作業の起点が，突然やってくるということである。障害報告書は，システムの運用部門，ユーザ（社内・社外），システムオーナなどからの連絡に基づいて作成される。

　障害管理の監査では，応急（暫定）対応と本格対応の２つの視点から監査するとよい。応急対応は，とりあえずシステム障害を復旧させ，利用できるようにするものである。バックアップシステムに切り替えたり，システム機能を限定して稼働させたりする方法が，応急対応である。データの内容に問題がある場合に，データ変更を行って対応する場合もある。これに対して，本格対応（恒久対応，本格的な改善）とは，インシデントの原因を究明し，当該部分の不具合を修正して，同様の障害が再発しないようにするものをいう。応急対応時に再発防止を含めたシステム改善ができればそれに越したことはないが，復旧までの時間に制約があることが少なくないので，その場合には，本格対応を後回しにして，一刻も早いシステムの復旧を待ち望んでいるユーザのために，応急対応を行うことが必要になる。

　システム監査人は，本格対応に関する監査項目をそのまま応急対応の監査項目として用いてはならない。応急対応と本格対応の監査の違いは，例えば，次のような点にある。

- 応急対応の場合には，システム変更の承認行為が口頭あるいは事後になる場合があるが，本格対応の場合には，システム変更の前に承認が必要である。
- 応急対応の場合には，必要最低限の原因究明しか行われていない場合があるが，本格対応の場合には，原因究明を十分に行う必要がある。
- 応急対応と本格対応の決裁権限者が異なる場合がある。
- 応急対応の場合には，早期復旧が最優先されるので，効率性の向上やコスト削減について十分に考慮されていない場合がある。

◎図表11-5　障害管理の監査項目（例）◎

分類	監査項目（例）
障害の発生から対応完了まで	・障害が発生してから対応が完了するまでの時間は適切か。 ・障害発生の連絡の遅延が発生していないか。 ・対応作業に必要以上に時間がかかっていないか。 ・発生から完了までの時間がかかりすぎている場合には，担当者のスキルに問題がないか，管理者の管理に問題がないか，手順書やマニュアルの内容に不足がないか。
レポーティングライン（エスカレーションルール）	・障害発生の事実が適時・的確にIT部門長，システムオーナ部門長などに報告されているか。 ・重大な障害（顧客や取引先に大きな影響を及ぼす場合やコンプライアンス上の問題など）の場合には経営者への報告が適時に行われているか。 ・すべての状況を把握してから経営者に報告するのではなく，とりあえず第一報の報告を行い，詳しい報告はそのあと随時行うような仕組みになっているか。
再発防止	・応急対応だけでなく，本格対応まで行い，再発防止策が確実に講じられているか。 ・本格対応まで確実に実施されるように障害報告書の書式（システムで管理している場合には入力画面・項目）になっているか。 ・原因究明が適切に行われる仕組みになっているか。
障害の発生状況	・特定のシステムに障害が集中していないか。 ・障害報告書をレビューし，同様の障害が再発していないか。 ・同様の障害が発生しているような場合には，その理由を確かめる。
根本原因の調査	・発生した事象としては異なる障害であっても，その根本的な原因が同じ場合があるので，個々の障害管理の適切性だけではなく，根本原因の調査が行われているか。
外部委託	・委託先からの障害報告が適時・適切に提出されているか。 ・障害報告の内容は適切か（必要な項目が記載されているか）。 ・障害報告の内容をチェックしているか（委託元としてのチェック）。 ・障害の原因が委託先に起因している場合の対応（費用負担，契約書での取り決めなど）について，定められているか。 ・委託元である自社に起因している障害に関する件数や原因などの報告と，それに基づく社内関係部署への改善指導（例えば，各システムオーナ部門に対する指導）が行われているか。

障害の発生状況を分析して，必要な管理が行われているかどうかを確かめることも忘れてはならない。例えば，アプリケーションシステムの不備（バグ）の件数が多いのか，オペレーションミスによるものなのか，通信障害なのかということを分析し，早めに対応を行っていれば，障害の発生を低減できる。さらに，アプリケーションごとの障害発生原因，オペレーションミスなどの原因を把握すれば，障害が発生する前に対処することができるかもしれない。

　このほかに，システム監査人は，**図表11-5**に示すような事項について確かめるとよい。これらの事項は，SLA（サービスレベル合意）として定められているので，SLAの目標値の達成状況を管理し，適切な対応をとる仕組みがあり，機能しているかどうかを監査するとよい。

5 プロジェクト管理の監査

　システム管理基準では，プロジェクト管理が独立した項目になり，その重要性が強調されている。

　プロジェクト管理の監査は，一般的に行われているプロジェクト管理の監査と基本的には同じである。システム監査におけるプロジェクト管理の監査の特徴は，プロジェクトの進捗が目にみえにくいということである。工場や建物の建設プロジェクトの場合には，工事がどこまで進んでいるかを目でみて確認することが可能だと思うが，システム開発の場合には，直接目でみて確認することが難しい。そこで，プロジェクト管理資料，進捗報告書，定例会議の議事録，設計資料，プログラム機能書，ソースコード，テスト結果などの文書をみて，進捗状況を確かめることになる。

　書類のレビューが中心なので，記載内容の妥当性や，書類間の整合性などを確かめるとよい。例えば，記載内容に具体性がない場合には，記載内容どおりにプロジェクトが進捗していない可能性がある。また，書類間に不整合

◎図表11-6　プロジェクト管理の監査項目（例）◎

分類	監査項目（例）
プロジェクト計画	• プロジェクト計画書が策定され，必要な項目が盛り込まれているか。 • WBS（Work Breakdown Structure）が作成され，WBSに必要なタスクが盛り込まれているか。 • タスクごとの責任者，工数，期間などが決まっているか。 • スケジュールに無理はないか。 • 複数のタスクを同時に担当している者はいないか。
進捗管理	• 計画と実績がガントチャートなどで管理されているか。 • 遅延が生じた場合には，その原因や影響範囲が分析され，さらに対策が検討され講じられているか。 • WBSやEVM（Earned Value Management）などの手法を用いて進捗を管理しているか。
課題管理	• 課題管理表が作成され，課題ごとに起案者，担当者，対応内容，対応期限などが管理され，プロジェクトに遅延が生じないようにしているか。 • 課題について適切かつ適時に対応しているか。
リスク管理	• リスク管理表が作成され，プロジェクト管理上の重要なリスクを漏れなく把握し，適切な対応をとるようにしているか。
品質管理	• 成果物に関する品質管理の仕組みがあり，有効に機能しているか。 • 十分なスキル，経験のある者が品質管理を行っているか。
その他	• 開発部門とシステムオーナ部門間での質問・確認事項が質問表などに記録され，管理されているか。

◎図表11-7　プロジェクト管理の監査実施上の課題と対応◎

監査実施上の課題	対応
• プロジェクトが進んでいくなかで監査を実施しなければならないので，監査対象の状況が常に変化している。	• 監査で必要な情報を随時入手する。 • 監査に時間をかけず効率的に行う。 • ポイントを絞って監査を行う。
• 監査対応のために過大な負荷をかけてしまい，プロジェクトの進捗を妨げてしまう（プロジェクト遅延の原因が監査だとされてしまう）。	• プロジェクトの失敗リスクについて，時間軸を考えて整理して分析・評価する。 • 開発プロセスやプロジェクト管理について十分理解しておく。 • 短期間でポイントを押さえた監査を実施し，的確な指摘や改善提案をタイムリーに実施する。
• 監査で問題点を発見しても，相手から「これから改善するつもりだった」，「次の開発フェーズまでに対応すれば十分である」といった反論が行われる。	• 監査対象部門を納得させるだけの根拠（監査証拠）を入手する。 • 改善の実現可能性（アクションプラン）を確かめる。

が認められる場合には，報告の信憑性に問題がある可能性がある。こうした疑義が認められた場合には，担当者や責任者に質問して実態を把握する。明確な回答がない場合には，さらに踏み込んだ調査を行う。

　プロジェクト管理の監査では，プロジェクト計画書，進捗管理資料，課題管理表，リスク管理表などのレビューや，プロジェクト責任者などに対して**図表11-6**に示すような項目について監査を実施する。また，監査のさいには，**図表11-7**に示すような点に留意する必要がある。

　なお，プロジェクトチームの雰囲気を確かめることも重要である。明るい雰囲気の場合には問題は少ないと考えられるが，暗い場合にはプロジェクトが上手く進捗していない可能性があるので，慎重に監査を行う必要がある。

コラム⑱　WBSとEVMとは

　WBS (Work Breakdown Structure) は，プロジェクトマネジメントで用いられる手法であり，システム開発でも用いられる手法である。作業を大項目から，中項目，小項目というように細分化して，それぞれのスケジュール（開始・終了），担当者，作業工数（コスト）などを定めていく。システム開発のように作業工程がわかりにくいものを「見える化」するために有効な管理手法である。

　EVM (Earned Value Management) は，WBSで作成された各工程ごとの予定工数（PV：Planned Value）について，プロジェクトの進捗にともなって，完了した工程の工数（EV：Earned Value）を把握する。プロジェクトのある時点のPVとEVの差が，スケジュールの差異を示す。さらに，実際に投入した工数（AC：Actual Cost）を算出してPVと比較することによって，当初計画した工数と実際にかかった工数を比較することができる。差異が大きい場合には，工数見積りが適切でなかった可能性がある。

　システム監査では，WBSやEVMによる管理が行われているか，計画と実績の差について，適時・適切な対応が採られているか，次のプロジェクトの参考にしているか，他のプロジェクトと比較して大きな差がないか等，さまざまな視点から検証・評価するとよい。

6 費用対効果の監査

　システム化にかかわる費用対効果の評価は，システムの有効性監査や採算性監査ともいえる。費用対効果の監査では，費用項目および効果項目が標準化され，システム化のフェーズごとの評価を実施することが社内規程やマニュアルなどで定められているか確かめる。定められていない場合には，ルール化するように改善提案することになる。この場合には，ルール化されていないことによってどのような問題が発生しているのかを把握し，それを指摘事項に加えるようにするとよい。

　経験の浅いシステム監査人は，規程やルールを定めることだけを指摘してしまい，監査対象部門から「細かいことを指摘する」とか，「形式的なことを指摘する」といった反発を受けることがある。しかし，ルール化されていないことによって，システム化費用が過小見積りされ，費用対効果を考えると開発すべきではなかったという問題や，開発案件によって費用項目が異なるので経営者からみて何が正しいのかわからないといった問題がある。これらのことを示しながら，改善提案を行えば，経営者や監査対象部門がなぜこの改善提案が必要なのかということに対する納得感を得られやすくなる。その結果，システム改善や業務改善が促進される可能性が高い。

　費用対効果の監査は，次のように，評価対象項目と時間軸の2つの視点から検証・評価するとよい。評価対象項目の視点での監査とは，費用対効果に関する評価項目が網羅的かつ合理的な方法で設定されているどうか確かめるものである。また，時間軸の視点での監査とは，システム開発のプロセスごとに投資対効果を検証・評価するものである。つまり，企画，開発，運用というシステム開発の流れのなかでそのプロセスに応じて，例えば，**図表11-8**に示すような項目について監査を実施するとよい。なお，システム化効果が得られるのは，システム開発の完了時ではなく，システムの安定稼働時なので，安定稼働時の費用対効果の監査が重要である。

◎図表11-8　費用対効果の監査項目（例）◎

分類		監査項目（例）
評価対象項目の視点		• システム化の費用項目が体系的（例えば，一時費と運用費）に整理されているか。 • 一時費は，社員人件費，開発委託費（コンサルタント，SE，プログラマーなど），開発用機器費，移行作業費（データの作成・変換・編集（移行用プログラムの作成費を含む），プログラムの移行），教育費（教育用資料，講師費用，旅費・宿泊費など），マニュアル作成費（操作マニュアルの作成・印刷費など）などの費用について，書式を定めるなどして標準化されているか。 • 運用費は，機器費用，通信費用，社員人件費，システム運用委託費，システム保守委託，機器やパッケージソフトウェアなどの保守料，データベースの使用料，データ入力費，消耗品費（用紙，トナーなど）などの費用について，書式を定めるなどして標準化されているか。 • 開発一時費と，ソフトウェアの減価償却費を重複計上していないか。 • ライフサイクルが設定されているか。 • 設定されている場合には，当該期間での費用対効果の分析が行われているか。 • 計画と実績の差異分析を行っているか，また，その結果を以後のシステム化プロジェクトに活かせるように記録の作成・保存，システム化マニュアルの改善などを行っているか。
時間軸の視点	企画段階	• システム化計画書にシステム化の効果および費用が漏れなく記載されているか（項目の網羅性）。 • システム化の効果および費用の算定根拠が明確で合理的な内容になっているか（根拠の妥当性）。 • システム化の効果および費用を年度ごとに算定しているか（計上期間の妥当性）。
	開発段階	• 開発費を予算内に収めるためにシステム機能の縮減が発生していないか，発生している場合には，システム化効果の見直しを行っているか。 • 稼働開始時期の遅れによるシステム化効果の減少が発生していないか，発生している場合には，システム化効果の見直しを行っているか。 • その他のシステム化の効果および費用に影響を及ぼすような事象が発生していないか，発生している場合には，システム化効果の見直しを行っているか。 • システム化の効果および費用に変動が生じている場合には，効果および費用の再算定を行い，権限者の承認を得ているか。
	開発完了時	• 開発完了報告書に，システム化費用の実績を記載しているか（システム化効果については可能な範囲での記載があればよい）。 • 実績値の根拠が明確か。 • システム化計画と実績について，費用の計上範囲や集計方法などの整合がとれているか。 • 計画と実績の差異分析を行っているか。 • その結果を以後のシステム化プロジェクトに活かせるように記録の作成・保存，システム化マニュアルの改善などを行っているか。

安定稼働時	・システム稼働後，半年から1年後（安定稼働した時点）にシステム化の効果および費用の実績を把握しているか。 ・効果および費用の測定方法や測定結果が明確になっているか。 ・システム化計画との整合がとれているか（システム化計画と異なる測定方法になっていないか）。 ・計画と実績の差異分析を行っているか。 ・その結果を以後のシステム化プロジェクトに活かせるように記録の作成・保存，システム化マニュアルの改善などを行っているか。

コラム⑲　費用は小さく効果は大きく

　システム開発案件を経営者に承認してもらうために，起案者は，費用は小さく効果は大きくみせようと考えがちである。システム監査人は，本来あるべき費用項目がシステム化計画書や完了報告書に計上されているか，関連するアプリケーションシステムの改修費用も計上されているか，データ入力やサポートデスクの費用も計上されているかどうか確かめるとよい。また，効果については，その算定根拠が現実的なものになっているか，直接関係のない効果を計上していないかどうか確かめるとよい。

7 IT子会社の監査

　IT子会社の監査を実施する場合，内部統制（金融商品取引法）の視点から監査を行ってしまうと，内部統制の有効性評価の結果と同じになってしまうので，工夫が必要である。また，ISMS，ISO27001，プライバシーマーク，ISO9001など，さまざまな認証を取得しているIT子会社の場合には，取得によるメリット（売上件数・金額の増加，取引先の拡大などへの寄与）があるか，マネジメントシステムの一環として行われるそれぞれの内部監査の統合など，効率向上に努めているか，といった視点で監査を実施するとよい。なぜならば，マネジメントシステムの内部監査と同じ視点から監査しても嫌われるだけであり，監査の付加価値が生まれないからである。また，外部から

◎図表11-9　IT子会社の監査項目（例）◎

分類	監査項目（例）
共通項目	• 開発案件と維持管理案件が適切に管理されているか（開発と維持管理では管理方法が異なるが，適切に実施しているか）。 • 開発規模などの見積能力の向上に努めているか。 • 人材育成（スキル，ノウハウの伝承）が適切に行われているか。 • 中途採用者を活用しているか。 • 離職率が許容範囲内か。 • 退職に係る機密情報やノウハウの保護が適切に行われているか。 • システム運用・保守の品質管理が適切に行われているか（障害の発生状況，再発防止策の実施状況，改善傾向にあるか増加傾向にあるか）。 • 外部委託管理が適切に行われているか（再委託，情報の持ち出し，外部からのアクセスなどが適切か）。 • 変更管理・例外処理が適切に行われているか（アプリケーションシステム別の件数比較や傾向分析の結果，システム改善が必要なものはないか）。 • 情報セキュリティが適切に確保されているか（抜き打ち監査も有効）。 • セキュリティソフトやネットワーク管理ソフトを導入している場合には，それを活用して夜間・休日などの異常なアクセスがチェックされ，必要な対応を行っているか。 • 過重労働やサービス残業などの防止策が適切か。 • メンタルヘルスなどの健康管理が適切に行われているか。
親会社以外の業務受託	• 利益管理が適切に行われているか（異常に利益率の高いもの，低いものがないか）。 • 原価管理が適切に行われているか（標準原価，実際原価などの測定，目標設定，適切な原価配賦などを管理しているか）。 • 生産性向上の取り組みが適切に行われているか（生産性指標があるか，定期的に評価しているか）。 • 契約手続が適切に行われているか（見積承認，受注，リーガルチェックなど）。 • SLA（Service Level Agreement）契約が妥当か（定期的なチェックを行って，業務改善，顧客サービスの向上につなげているか）。
親会社の業務受託	• システム開発プロジェクトが適切に管理されているか（計画の適切性，進捗管理，問題管理の適切性など）。 • 親会社との受発注が適切かつ効率的に行われているか（コストの評価など）。
親会社と親会社以外の業務受託のバランス	• 親会社のシステム開発・維持管理と外販のバランスがとれているか（方針があるか，コストの区分が適切か，リソース配分の妥当性など）。 • 親会社の経営方針・戦略との整合性が確保されているか。 • 親会社への貢献状況は妥当か（外販による売上高・利益が連結決算で貢献しているか）。

ISO9001やISMS などの認証を取 得している場合	・ISO9001，ISMS，ISO27001などの認証を取得している場合には，取得によるメリット（売上件数・金額の増加，取引先の拡大などへの寄与）があるか。 ・マネジメントシステムの一環として行われている内部監査の統合など，効率向上に努めているか。

の受託も行っているIT子会社の場合には，この点を考慮した監査項目を設定するとよい。

　IT子会社の監査では，当該会社が外部からの業務を受託しているかどうか，親会社あるいはグループ会社の業務しか受託していないかどうかによっても，監査の視点が異なる。IT子会社の監査では，**図表11-9**に示すような項目について監査するとよい。

8　クラウドサービスの監査

　クラウドコンピューティングとそれに関連するサービスについては，必ずしも合意された定義がないのが現状であるが，経済産業省は，「クラウド・コンピューティングとは，「ネットワークを通じて，情報処理サービスを，必要に応じて提供/利用する」形の情報処理の仕組み（アーキテクチャー）をいう。」（『「クラウドコンピューティングと日本の競争力に関する研究会」報告書』2010年8月16日，p.13）としている。

　クラウドコンピューティングの技術を利用したクラウドサービスには，IaaS（Infrastructure as a Service：ハードや通信回線などの情報通信基盤をインターネット上のサービスとして提供するもの），PaaS（Platform as a Service：ハードウェアや通信回線などの情報通信基盤に加えて，アプリケーションシステムを稼動させるためのOSなどのプラットフォームをインターネット上のサービスとして提供するもの），SaaS（Software as a Service：アプリケーションシステムをインターネット上で提供するもの）があ

る。

　また，これらのサービスを組織体内だけで利用するのか，広く一般の利用者が利用するのかによって，パブリック・クラウド（public cloud：広く一般の利用者にサービスを展開するもの），プライベート・クラウド（private cloud：企業などの組織体内で利用するもの），コミュニティ・クラウド（特定の企業間で共同利用されるもの），ハイブリッド・クラウド（パブリック・クラウドとプライベート・クラウドを組み合わせたもの）がある。

　システム監査人は，どの種類のクラウドサービスなのか，どのモデルを利用しているのかを，十分に把握し，リスクを評価したうえで監査を実施する必要がある。なお，クラウドコンピューティングのリスクについては，COSOが*ENTERPRISE RISK MANAGEMENT FOR CLOUD COMPUTING*（2012年 6 月12日）を公表しているので，これも参照するとよい。

　クラウドサービスには，初期投資が不要，短期間での開発，セキュリティ水準の向上，システム能力の増減への柔軟な対応，管理コスト・要員の削減，CO_2の削減などのメリットがある。

　一方，クラウドサービスには，**図表11-10**に示すようなリスクが考えられる。また，実際に，保管していたデータが失われた事例（2009年10月，

◎図表11-10　クラウドサービスのリスク◎

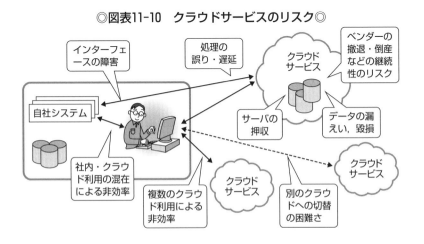

◎図表11-11　クラウドサービスの監査項目（例）◎

分類	質問項目（例）
クラウドの導入方針・体制	• IT戦略等においてクラウドサービスの導入方針が明確になっているか。 　▶導入してよいサービスの明確化 　▶利用目的の明確化（コスト，開発費の低減，開発期間の短縮，要員の外部化など） 　▶自社の競争優位の確保との関係 　▶自社開発，パッケージ調達との比較基準（開発費，利用期間，開発期間など） • 多様なITを組み合わせて活用する体制があるか。
リスク分析	• クラウドサービスの利用におけるリスク分析を多面的に行っているか。 　▶クラウドサービス自体に関するリスク 　▶クラウドサービスと自社システムとのインターフェースに関するリスク 　▶クラウドサービスが自社システムに及ぼすリスク 　▶為替リスク • リスクの網羅性を確保するようにしているか。 • リスク把握の手順は適切か。 • クラウドサービスが利用できない場合に，社内業務にどのような影響が生じるか，顧客にどのような迷惑をかけるかを分析したか。 • リスクは，発生から復旧までの時間軸で考えているか。 • 許容時間を踏まえて，サービス停止や遅滞についてリスク分析しているか。 • 復旧までの手順を検討しているか。
クラウドサービスの選定	• 複数のクラウドサービスベンダーを比較・検討しているか（機能・価格・継続利用性など）。 • 利用規約を確認しているか。 • ベンダーの経営状況やサービスの継続性などを評価しているか。 • 提供機能とクラウドサービスを利用した際の自社業務との適合性を分析しているか。 • 自社業務プロセスの見直しを検討しているか。
リスクへの対応策（コントロール）	• リスクとコントロールの整合がとれているか。 • コントロールの費用対効果を踏まえてコントロールを整備・運用しているか。 • 暗号化ツールを利用しているか。
モニタリング	• クラウドサービスベンダーの経営状況や社会的な評判などをモニタリングしているか。 • クラウドサービスの利用状況をモニタリングしているか。

BCP	・クラウドサービスの停止や遅滞などの時の自社業務やシステムへの影響を評価して，BCPを策定しているか。 ・BCPを関係者に周知しているか。 ・BCPは定期的に訓練しているか。 ・訓練結果をBCPの改善に活かしているか。

　T-Mobile社がマイクロソフト社のSidekick systemで保管していたデータが消失。ISACA Journal, Vol.3, 2010, p.4.を参照)，電源トラブルでサービスが中断した事例（2009年12月，アマゾン　EC2（商用ウェブサービス）のバージニアのデータセンターが電源トラブルで6時間サービスが中断。ISACA Journal, Vol.3, 2010, p.4.を参照），電力供給停止（2009年9月，小さなSaaSプロバイダーのWorkday社で冗長性の確保のために構築されたシステムへのバックアップによって発生。ISACA Journal, Vol.3, 2010, p.4.を参照）などがある。
　クラウドサービスの監査では，**図表11-11**に示すような項目について監査するとよい。

9　個人情報保護・マイナンバーの監査

　個人情報保護監査をシステム監査のテーマとして実施している企業等は少なくない。また，「個人情報の保護に関する法律及び行政手続における特定の個人を識別するための番号の利用等に関する法律の一部を改正する法律」（2015年9月3日成立・同月9日公布）（**図表11-12参照**）にともなって，マイナンバーを監査テーマとする企業等も多い。
　個人情報保護監査およびマイナンバーの監査では，個人情報保護委員会が公表している「個人情報保護法ガイドライン（通則編）」（2016年11月，2023年12月一部改正），「特定個人情報の適正な取扱いに関するガイドライン（事業者編）」（2014年12月11日，2023年7月一部改正）などを参考にして監査を実施するとよい。

　個人情報保護監査では，例えば**図表11-13**に示すような項目について監査を実施するとよい。

◎図表11-12　個人情報保護法に係る出来事◎

年月	出来事
1980年9月	「プライバシー保護と個人データの国際流通についてのガイドラインに関するOECD理事会勧告」
1988年12月	「行政機関の保有する電子計算機処理に係る個人情報の保護に関する法律」
2003年5月（2005年4月全面施行）	「個人情報の保護に関する法律」（個人情報保護法）
2013年5月	「行政手続における特定の個人を識別するための番号の利用等に関する法律」
2015年9月（2017年5月全面施行）	「個人情報の保護に関する法律及び行政手続における特定の個人を識別するための番号の利用等に関する法律の一部を改正する法律」（改正個人情報保護法）

◎図表11-13　個人情報保護の監査項目（例）◎

分類	監査項目（例）	該当法・施行令
利用目的の特定	・利用目的が具体的であり，特定されているか。 ・本人（顧客，従業員等）から見て利用目的がわかりやすいか。 ・今まで，利用目的に関して本人から問合せ等が発生していないか。 ・従業員等が利用目的を理解しているか。	法第17条
利用目的の通知等	・利用目的が，ホームページ，店頭での掲示，申込書類等に記載されているか。 ・利用目的は，わかりやすい場所に記載されているか。 ・コールセンターなど電話での受け付けの際には，自動応答装置等で知らせているか。	法第21条
データ内容の正確性の確保	・個人情報の誤記入が発生しないような書式や入力画面になっているか。 ・個人情報の正確性を確保するためのシステムによるデータチェックを行っているか。 ・個人情報の入力の正確性を確保するために，複数者によるチェックを行っているか。 ・個人情報の最新性を確保するための取組をしているか。	法第22条

適正取得	• 未成年者から個人情報を取得する場合には，保護者の承諾を得ているか。 • 第三者から個人情報を取得する場合の取扱い（提供元の法令順守状況等の確認）が定められているか。	法第20条
保有個人データに関する事項の公表等	• 保有個人データについて，本人が容易に知り得る状況になっているか。 • 保有個人データをすべて把握しているか。 • 保有個人データの問合せ窓口等が明確になっているか。 • 保有個人データの問い合わせについて，適切に対応しているか。	法第32条，施行令第5条
開示，開示等の求めに応じる手続	• 保有個人データの開示に関する受付部署，開示手続が定められているか。 • 開示に関する受付責任者・担当者は，開示の意味について理解しているか。 • 本人確認の手続が適切か。 • 一般的な問合せ対応と，開示の区別に関する判断基準が明確になっているか。 • 開示が発生しているか。発生している場合には，手続に従って適切に対応しているか。	法第33条，法施行令第12条，法第37条，法施行令第13条
訂正等	• 訂正に関する体制，手続が明確になっているか。 • 訂正等が発生している場合には，手続に従って，適切に訂正等が行なわれているか。	法第34条
利用停止等	• 利用停止等に関する体制，手続が明確になっているか。 • 利用停止等が発生している場合には，手続に従って，適切に訂正等が行われているか。	法第35条
理由の説明	• 保有個人データの公表・開示・訂正・利用停止等の措置を取らない場合の手続が明確になっているか。 • 保有個人データの公表・開示・訂正・利用停止等の措置を取らない場合の判断責任者・判断基準等が明確になっているか。 • 保有個人データの公表・開示・訂正・利用停止等の措置を取らない場合には，手続に従って，適切に訂正等が行なわれているか。	法第36条
手数料	• 保有個人データの利用目的の通知，保有個人データの開示を求められた時の手数料を定めているか。 • 手数料は，実費等を勘案した合理的な金額になっているか。	法第38条
苦情の処理	• 苦情処理の窓口（担当部署，責任者等）が明確になっているか。 • 苦情処理の手続が定められているか。	法第40条

安全管理措置	・組織的安全管理措置を講じているか。 　▶個人データの安全管理措置を講じるための組織体制の整備 　▶個人データの安全管理措置を定める規程等の整備と規程等に従った運用 　▶個人データの取扱状況を一覧できる手段の整備 　▶個人データの安全管理措置の評価，見直しおよび改善 　▶事故または違反への対処 ・人的安全管理措置を講じているか。 　▶雇用契約時における従業者との非開示契約の締結，および委託契約等（派遣契約を含む。）における委託元と委託先間での非開示契約の締結 　▶従業者に対する内部規程等の周知・教育・訓練の実施 ・物理的安全管理措置を講じているか。 　▶入退館（室）管理の実施 　▶盗難等の防止 　▶機器・装置等の物理的な保護 ・技術的安全管理措置を講じているか。 　▶個人データへのアクセスにおける識別と認証 　▶個人データへのアクセス制御 　▶個人データへのアクセス権限の管理 　▶個人データのアクセスの記録 　▶個人データを取り扱う情報システムについての不正ソフトウェア対策 　▶個人データの移送・送信時の対策 　▶個人データを取り扱う情報システムの動作確認時の対策 　▶個人データを取り扱う情報システムの監視	法第23条

注：法＝個人情報保護法
　　施行令＝個人情報保護法施行令

　マイナンバーは，主として税，社会保障を対象にしたものであり，収集などの取扱いが個人情報と比べて大きな制約がある点に注意する必要がある。マイナンバーの監査では，例えば**図表11-14**に示すような項目について監査を実施するとよい。

◎図表11-14　マイナンバーの監査項目（例）◎

分類	監査項目（例）
組織・体制	• マイナンバーに関する責任部署（本社，各部署・事業所等）が明確になっているか。 • マイナンバーの事務取扱者（責任者・担当者）が明確になっているか。 • マイナンバーを取り扱う部署および業務範囲が適切か（個人番号利用事務（健康保険組合等），個人番号関係事務（給与所得の源泉徴収票，支払調書，健康保険・厚生年金保険被保険者 資格取得届出等））。 • マイナンバーに関する取扱い
規程・業務マニュアル	• マイナンバーに関する基本方針が定められているか。 • マイナンバーに関する取扱い規程が定められているか。 • マイナンバーに関する取扱い規程の策定に際して，「特定個人情報の適正な取扱いに関するガイドライン（事業者編）」等を参照しているか。 • 個人情報保護に関する規程・マニュアルについて，マイナンバーによる影響が反映されているか。 • 人事マニュアルについて，マイナンバーによる影響が反映されているか。 • 情報セキュリティポリシー・規程等について，マイナンバーによる影響が反映されているか。
特定個人情報ファイル	• 特定個人情報保護ファイル（個人番号を含む個人情報ファイル）が作成されているか。 • 特定個人情報ファイルは，一般の個人情報データベースと独立しているか。 • 特定個人情報ファイルのアクセス権は，業務上必要な者（個人番号利用事務，個人番号関係事務）だけに付与されているか。 • パスワードは，適切か（桁数，英数字・記号・大文字小文字）。また，変更頻度は適切か。 • 生体認証を用いている場合には，その登録は適切に行われているか。 • 特定個人情報保護ファイルのバックアップを適切に取得しているか。 • 同バックアップ媒体等の管理は，適切に行われているか。 • 特定個人情報ファイルへのアクセスログを取得し，アクセス状況をモニタリングしているか。 • 特定個人情報保護ファイルが，個人情報管理台帳や情報資産管理台帳に記載されているか。
マイナンバーの収集	• マイナンバーの取得は，社会保障および税に関する手続書類の作成事務を処理するために必要がある場合に限って行われているか。 ▶入社，身上関係変更（結婚，被扶養者追加等），休職・復職，組織異動（分社，出向等），証明書発行，退社など個人番号が必要な場合以外で，個人番号の提供を求めていないか。 ▶社会保険関係手続，雇用保険，健康保険，厚生年金保険等，税務関係手続，年末調整，源泉徴収等の書類作成事務以外で個人番号の提供を求めていないか。 • マイナンバーの取得に際して，本人などに利用目的を通知しているか。

	• マイナンバーの取得方法は，必要な者以外に見られないような方法で行われているか。
利用・提供	• マイナンバーの利用は，法律に規定された社会保障，税および災害対策に関する事務に限定されているか。 • マイナンバーに関する業務マニュアルなどで，マイナンバーの利用範囲が明確に定められているか。 • マイナンバーの取扱責任者および担当者は，利用範囲を理解しているか。 • 社会保障および税に関する手続書類の作成事務を行う必要がある場合を除いて，本人などに対してマイナンバーの提供を求めていないか。
保管	• マイナンバーの保管場所・保管期間・責任者・根拠法令等が，個人情報管理台帳等で明確になっているか。 • 書類の場合には，キャビネットに施錠保管されているか。鍵の管理（保管場所，スペアキー等）は適切に行われているか。 • マイナンバーに関する業務マニュアルなどで，マイナンバーの保管期間が明確になっているか。 • マイナンバーの棚卸が行なわれているか。
開示・訂正・利用停止等	• 開示・訂正・利用停止等の取扱いが，規程や業務マニュアルで明確に定められているか。 • 開示・訂正・利用停止等に関する責任者・担当者が定められているか。 • 開示・訂正・利用停止等に関する記録が残されているか。 • 開示・訂正・利用停止等への対応が適時かつ適切に行なわれているか。
廃棄	• 社会保障および税に関する手続書類の作成事務を処理する必要がなくなった場合，マイナンバーをできるだけ速やかに廃棄または削除しているか。 • 所管法令において定められている保管期間を経過した場合には，マイナンバーをできるだけ速やかに廃棄または削除しているか。
安全管理措置	• 基本方針で定められている内容が適切か。 （事業者の名称，関係法令・ガイドライン等の遵守，安全管理措置に関する事項，質問および苦情処理窓口等） • 取扱規程等で定められている内容が適切か。 （取得，利用，保管，提供，削除・廃棄の管理段階ごとの取扱方法，責任者・事務取扱担当者，任務等） • 組織的安全管理措置 ▶組織体制が適切に整備されているか。 ▶取扱規程に基づいて運用されているか。（システムログ，利用実績を記録しているか。） ▶取扱状況を確認する手段が整備されているか。 ▶情報漏えい等事案に対する体制が整備されているか。 ▶特定個人情報等の取扱状況を把握し，安全管理措置の評価，見直し，改善に取り組んでいるか。（自己点検，他部署による点検，監査）。 • 人的安全管理措置 ▶事務取扱者が取扱規程等に基づいて業務を行っているかどうかを監督しているか。

	▶事務取扱者に対して，特定個人情報等の適正な取扱いに関して周知徹底しているか。また，教育を行っているか。
	・物理的安全管理措置
	▶特定個人情報ファイルを取り扱う情報システムを管理する区域や特定個人情報等を取り扱う事務を実施する区域を明確にして，入退室管理，機器の持ち込み制限，壁・間仕切り・座席配置等の物理的な安全管理措置を講じているか。
	▶特定個人情報を取り扱う機器および電子媒体等の盗難・紛失防止等のための物理的な安全管理措置を講じているか。
	▶特定個人情報等が記録された電子媒体等を持ち出す場合には，暗号化，パスワードによる保護，施錠された搬送容器の利用，封緘，目隠しシールの貼付などの物理的な安全管理措置を講じているか。
	▶個人番号または特定個人情報ファイルを削除した場合，電子媒体等を廃棄した場合には，溶解，専用のデータ削除ソフトウェアによる消去など，復元できない手段で削除・廃棄しているか。（情報システムに自動削除の機能を設けても良い）
	・技術的安全管理措置
	▶特定個人情報ファイルのアクセス管理が適切に行なわれているか。
	▶アクセス者（事務取扱担当者）を適切に識別しているか。
	▶外部からの不正アクセス等を防止する対策が講じられているか（ファイアウォール，セキュリティ対策ソフトウェア，IPS［Intrusion Prevention System：侵入防止システム］，IDS［Intrusion Detection System：侵入検知システム］，ログ分析等）。
	▶特定個人情報等をインターネット等で外部送信する場合には，情報漏えい等の防止するための対策が講じられているか（通信経路の暗号化，データの暗号化，パスワード保護等）。
	▶ウィルス感染した場合に備えて，出口対策（不正なサイトへのアクセスの検知・自動遮断等），内部対策（振舞い検知，暗号化等）が講じられているか。
インシデント対応	・マイナンバーに関わるインシデントが発生した場合の対応体制が整備されているか。
	・インシデントの対応手順が定められているか。
	▶報告書の書式
	▶報告ルート
	▶報告時期
	▶当局への報告
	▶本人への連絡等
	・インシデントの対応手順は，関係者に周知されているか。
	・インシデント対応に関する訓練が実施されているか。
	・訓練の結果，明らかになった課題について，改善されているか。

注：特定個人情報保護評価は企業を対象にしたものではないので，除いている。

第12章

新しい監査テーマ

1 新技術に対する監査のアプローチ

(1) 新技術とリスク

　ITの技術革新には，目覚ましいものがある。メインフレームの時代から分散処理システム，クライアントサーバシステム，ウェブシステム，クラウドサービスへと進展し，AI，生成AI，IoTと，新しい技術が生まれて発展しつつある。一方，システム構築も，ウォータフォール型開発（独自開発あるいは自社開発システム），パッケージソフトを用いたシステム，アジャイル開発などさまざまな開発手法でシステムが構築されてきた。

　このように新しい技術が生まれると，それを利用したビジネスが創出され，新たなリスクが発生することになる。例えば，店舗販売からネット販売へと変化することによって，システム障害による事業停止や停滞など新たなリスクが生まれることになる。また，システム構築において，さまざまなツールが用いられるようになると，そのツールの障害によるシステム障害のリスクに対する備え（コントロール）が必要になる。

(2) 監査手続の検討方法

　新しい技術を対象とした監査を実施する場合には，監査手続書の作成が課題になる。監査手続を策定する場合には，システムの全体像を図に描いてリスクを検討するとよい（**図表12-1**参照）。これに加えて，公表されているガイドラインなどを参考にして作成するとよい。この他に情報システムやデー

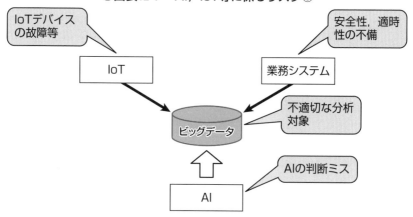

◎図表12-1　AI，IoT等に係るリスク◎

タのライフサイクルの視点からリスクを検討する方法もある。

　いずれの方法を採っても，システム監査人は，新しいITを導入することによってどのようなリスクが新たに発生するのかについて関心をもつことが重要になる。

(3) 関連するシステムを考えた監査の重要性

　AIシステムの監査においては，例えば，次のような関連するシステムとの連携を踏まえて監査を実施することが重要である。

①ビッグデータとの連携

　AIシステムでは，ビッグデータを対象とした分析が行われるので，ビッグデータとの連携を考えることが重要になる。また，分析対象として当該ビッグデータの内容の正確性や適時性も重要である。以上のことを実現するためには，AIシステムの目的を明確にしておかなければならない。特に組織体の目標達成の視点から適切な目的にする必要がある。

②IoTとの連携

　AIシステムの対象となるビッグデータは，既存のアプリケーションシステムから収集されるだけではなく，IoTから収集されるものがある。IoTか

ら収集されてビッグデータが生成される。そこで，AIシステムの導入目的
を達成するためには，IoTとの連携も含めて考える必要がある。IoTから収
集するデータ内容が適切か，データが正確か，データがタイムリーに更新さ
れるか等の視点から監査する必要がある。

③ロボットとの連携

　AIシステムがロボットに組み込まれているケースも少なくない。例えば，
受付用ロボットや介護用ロボットなどが検討され導入されつつあるので，ロ
ボットとの連携が適切かどうかについても監査する必要がある。

2 DXを対象としたシステム監査

　DXによるビジネスの改革に取り組んでいる組織体が少なくない。しかし，
すべての監査担当者が，デジタル技術に精通しているわけではない。そのた
め，デジタル技術に関する領域は十分に監査しないで済ませようという気持
ちになりやすい。DXは，デジタル技術を用いてビジネスを改革しようとい
うものなので，デジタル技術を無視して監査の結論を下すことはできない。
また，デジタル技術のことは分からないといっても，パソコンやスマートフ
ォンを利用していない監査担当者はいないので，デジタル技術から逃げずに
監査に取り組む姿勢，つまり「デジタル技術に立ち向かう姿勢」が大切である。
　DXの重要なポイントは，業務革新や経営革新であり，新規ビジネスの創
出にある。その手段としてデジタル技術を活用するのであり，デジタル技術
の導入自体が目的となっていないことをシステム監査でチェックする必要が
ある。DXを対象とした監査では，**図表12-2**に示すような点について監査を
実施するとよい。

◎図表12-2　DXを対象にした監査項目（例）◎

分類	監査項目（例）
基本方針	・DX推進方針が策定されているか。 ・DX推進方針は，経営者が承認しているか。 ・DX推進方針は，社内に周知されているか。 ・DX推進方針では，DXの導入目的（顧客サービスの向上，コスト削減，効率向上等）が明確になっているか。 ・DX推進方針では，業務改革の推進，ビジネス創造が明確にされているか。
推進体制	・経営者の関与が適切に行われているか。 　▶ガバナンス会議等の設置，経営者によるPDCA ・社内推進体制（主管部門，ユーザ部門）が明確になっているか。 ・開発体制（構築事業者，再委託先，運用・保守事業者など）が明確になっているか（役割・責任等）
DX計画	・DX計画において，経営改革や業務改革が第一の目的になっているか。 ・デジタル技術の導入自体が目的になっていないか。 ・DX計画において，経営改革や業務改革が明確になっているか。 　▶顧客サービスの向上，コストの削減などの視点からの改革 　▶業務の目的を考えた「あるべき業務プロセス」の検討 　▶発想の転換によるビジネス創造（他社との協業・連携，新しいビジネスの検討）
投資対効果	・投資対効果が明確になっているか。 　▶目標の数値化，事後評価できる目標の設定，ライフサイクルコストを踏まえた検討，予算要求におけるコストの取り扱い（例：クラウドサービス）
PDCA	・推進計画が適切か 　▶開発日程，開発プロセス，テスト，移行　など ・PDCAの仕組みがあるか 　▶DX計画書とDX完了報告書，運用・利用段階での評価 　▶ナレッジの蓄積，活用
リスク評価	・新たなデジタル技術導入に伴うリスクが評価されているか 　▶生成AI，クラウドサービス，アジャイル開発，ローコード／ノーコード開発のリスクの評価 　▶技術サポートが適切に行われるような取り組み 　▶サイバーセキュリティリスクの評価
調達	・調達が適切に行われているか 　▶調達仕様書 　▶調達方法（企画競争，総合評価落札方式） 　▶調達先の選定基準，審査体制（外部有識者の参画） ・調達先や外部サービスの評価が行われているか 　▶サービスレベル，財務状況，サービスの信頼性，障害時の対応

人材育成	・DX推進のための人材を育成・確保しているか 　▶経営者向けの研修，従業員の育成，専門家の採用，資格取得の促進

3　AIを対象としたシステム監査

（1）AIの急速な進展

　AI，特に生成AIの導入が急速に進展している。経済産業省は，「サイバー空間とフィジカル空間が高度に融合し，リアルタイムに情報やデータが活用・共有されるデジタル社会（Society5.0）の到来に向けて，ビジネスモデルの抜本的な変革（DX：デジタルトランスフォーメーション）を推進し，新たな成長を実現する企業も増加している。こうした社会の変化は，企業・組織における人材の活用の仕方や，個々人の学びの仕方にも大きな変化をもたらすものと考えられる。こうした変化を踏まえて，本検討会では，新たな時代に即したデジタル人材政策の方向性について検討を行う。」ことを目的として，2021年2月に「デジタル時代の人材政策に関する検討会」を設置した。同検討会の活動は，その後も継続して行われ，2023年8月には「生成AI時代のDX推進に必要な人材・スキルの考え方」と題する報告書を発表している。その後，2023年度も活動を続けている。この検討会においても，生成AIが注目を集めており，生成AIに関する検討が熱心に行われている。

　さらに，経済産業省「情報処理技術者試験」においても，2023年8月7日に「ITパスポート試験におけるシラバスの一部改訂について（生成AIに関する項目・用語例の追加など）」を発表して，「「ITパスポート試験 シラバス」に，生成AIの仕組み，活用例，留意事項等に関する項目・用語例を追加」し，2024年4月の試験から適用することになった。

　このような動向に対して，システム監査も対応していくことが求められている。

　AIについては，「人間中心のAI社会原則」（統合イノベーション戦略推進会議決定，2019年3月），「国際的な議論のためのAI開発ガイドライン案」（総務省情報通信政策研究所，2017年7月），「AI利活用ガイドライン」（AIネットワーク社会推進会議，2019年8月9日），「AI・データの利用に関する契約ガイドライン」（経済産業省，2018年6月），「AI原則実践のためのガバナンス・ガイドライン」（経済産業省AI原則の実践の在り方に関する検討会）などが公表されている。

　一方，IIA（内部監査人協会）は，「人工知能―内部監査の専門家が考慮すべきこと」と題するレポートを公表している。また，ISACAは，*AUDITING ARTIFICIAL INTELLIGENCE*，2018を出版しているなど，AIに関する文献も増えている。

　さらに，最近，生成AIに関するガイドライン等も公表されている。例えば，「生成AIサービスの利用に関する注意喚起等」（個人情報保護委員会），「初等中等教育段階における生成AIの利用に関する暫定的なガイドライン」（文部科学省，2023年），「文章生成AI利活用ガイドライン」（東京都，2023年6月2日）があげられる。今後もさらにさまざまな指針やガイドライン等が公表されるものと推測できる。

　それでは，システム監査では，AIや生成AIについて，どのような考え方で監査を実施すればよいのだろうか。このような新しい技術が出現したときに，システム監査人は，システム監査のフレームワークを思い起こして考えるとよい。つまり，AIや生成AIの導入目的（目標）と，AIや生成AIの導入にともなうリスク，そのリスクを低減するためのコントロール（対策）の3つの要素について，適切な検討が行われているか，必要な対策（コントロール）が講じられ有効に機能しているかどうかという視点で考えればよい。

　また，リスクやコントロールの適切性を監査する際には，上述のさまざまなガイドラインが参考になるので，目を通しておくことが必要である。

（3）AIを対象とした監査項目

　AIを対象としたシステム監査は，まだ一般的になっていないが，何らかのよりどころになるものが求められている。そこで，監査項目を例示することにしたので，適宜，追加・訂正・削除して利用されたい（**図表12-3**参照）。

◎図表12-3　AIシステムの監査項目（例）◎

分類	監査項目（例）
基本方針	・AIシステム開発の基本方針が策定されているか。 ・基本方針が経営者の承認を得ているか。 ・基本方針がAIシステムの開発者，運用，保守および利用者に周知されているか。 ・基本方針には，人間の尊厳と個人の自律を尊重する倫理原則が含まれているか。 ・関係者に対して，倫理教育を実施しているか
体制	・AIシステムの責任者（開発，運用，保守，利用）が明確になっているか。 ・AIシステムの開発，運用，保守体制が構築されているか。 ・AIシステムに携わる者の責任，権限が明確になっているか。
開発計画	・AIシステムの開発計画が策定されているか。 ・開発計画には，リスク分析およびコントロールが明確になっているか。 ・AIシステムの開発計画は，経営者等に承認されているか。 ・費用対効果が明確になっているか。 ・AIシステムの開発スケジュールが適切か。 ・AIシステムの開発失敗時の撤退ルールが明確になっているか。 ・AIシステムの対象となるデータが適切か（分析する意味があるか）。 ・POC（Proof Of Concept：概念実証）において，ユーザが参画しているか。
リスク分析およびコントロール	・AIシステムに係るリスク評価が実施されているか。 ・AIシステムを相互接続および相互運用している場合には，連携によるリスク評価を実施しているか。 ・AIシステムのリスク評価結果は，開発，運用，保守および利用者に説明されているか。 ・AIシステムが制御できなくなるリスクを評価しているか。 ・リスクが発生した場合の対応策（コントロール）を検討し整備・運用しているか。

安全性の確保	• AIシステムの判断・分析結果等が利用者や第三者の生命・身体・財産に危害を及ぼさないように考慮しているか。 • AIシステムがアクチュエーター等と連携している場合には，利用者や第三者の生命・身体・財産に危害を及ぼさないように考慮しているか。 • AIシステムの判断と，人間の判断の責任分界点を明確にしているか。
セキュリティの確保	• AIシステムの分析対象としているデータの機密性を確保しているか。 • AIシステムの可用性を確保しているか。 • AIシステムのインテグリティを確保しているか。 • AIシステムの知的財産を保護しているか。
プライバシーの保護	• AIシステムの分析結果等によって，利用者および第三者のプライバシーの侵害防止対策を講じているか。 • AIシステムの分析対象となるデータに個人情報が含まれている場合には，プライバシーの保護対策を講じているか。
契約	• 経済産業省「AI・データの利用に関する契約ガイドライン」を参照しているか • 法務担当部門のチェックを受けているか
AIシステムの開発	• AIシステムの機能等が明確になった設計書などが策定されているか。 • AIシステムの条件が適切に設定されているか。 • 開発プロジェクトの管理が適切に行われているか。 • テストが十分に実施されているか。
AIシステムの運用・保守	• ビッグデータとの連携が適時，正確に行われているか。 • AIシステムの保守（特に教師データの更新）が適切に行われているか。 • AIシステムが当初目的通り利用されているか。
廃棄	• AIシステムのデータが適切に廃棄されているか。 • AIシステムの廃棄後の対応が考えられているか（代替システム，システムの移行等）。
BCP（業務継続計画）	• AIシステムに障害が発生した場合のBCPを策定しているか。 • BCPの定期的な訓練を実施し，BCPの改善を図っているか。

出所：島田裕次「AIを対象としたシステム監査に関する研究」，日本情報経営学会『第75回全国大会予稿集，2017年11月，pp.241-244を一部修正．

4 IoTを対象としたシステム監査

(1) IoTとは

　IoT推進コンソーシアム，総務省，経済産業省「IoTセキュリティガイドラインver.1.0」では，次のように説明している。

　「IoTとは"Internet of Things"の略であり，ITU（国際電気通信連合）

の勧告（ITU-T Y.2060（Y.4000））では，「情報社会のために，既存もしくは開発中の相互運用可能な情報通信技術により，物理的もしくは仮想的なモノを接続し，高度なサービスを実現するグローバルインフラ」とされ，次のようなことが期待されている。

① 「モノ（Things）」がネットワークにつながることにより迅速かつ正確な情報収集が可能となるとともに，リアルタイムに機器やシステムを制御することが可能となる。

② カーナビや家電，ヘルスケアなど異なる分野の機器やシステムが相互に連携し，新しいサービスの提供が可能となる。

　さらに，IoTは「モノ」がネットワークにつながって新しい価値を生むだけでなく，IoTが他のIoTとつながることでさらに新しい価値を生むという"System of Systems（SoS）"としての性質を持っている。」

　また，IoTの特性として，「単独でも有用」，「つながっても独立に管理可能」，「完成系ではなく継続的に進化」，「つながることで新しい目的や機能を実現」，「地理的に分散し情報を交換」の5項目を挙げている。

　システム監査人は，IoTが継続的に進化していること，つながっていること，地理的に分散していることに着目して，リスクを考えるとよい。例えば，継続的に進化するということは，IoTデバイスの機能向上に着目して，リスクに変化がないかどうかを考えなければならないし，つながっていることは，インターフェースでの接続不備などのリスクがあることを認識しなければならない。また，IoTデバイスが地理的に分散しているので，IoTデバイスの管理不備といったリスクがあることも考えなければならない。

(2) IoTのリスク

　「IoTは，さまざまな機器等をインターネットと接続することによって，データを収集し，それをさまざまな業務の遂行に活用する仕組みである。IoTは，例えば，現場作業改善，工程管理，品質確保，事務作業効率化，技能継承／脱属人化，経営改善，新商品創出，新サービス創出など，さまざま

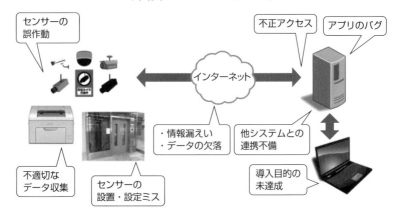

◎図表12-4　IoTのリスク◎

（図中ラベル）
センサーの誤作動　不正アクセス　アプリのバグ　インターネット　・情報漏えい ・データの欠落　他システムとの連携不備　不適切なデータ収集　センサーの設置・設定ミス　導入目的の未達成

な領域で導入されている」（経済産業省関東経済産業局『中小ものづくり企業IoT等活用事例集』，2017年3月）。

　IoTのリスクは，**図表12-4**に示すような図を描いて検討するとよい。まず，全体像を把握し，その後に詳細な図を描いてリスクを分析するとわかりやすい。

　IoTの発展によって，制御系システムに係るリスクが増大している。さまざまな機器がインターネットに接続されるので，ネットワークとの接続が適切に行われているかどうかを監査することが重要になる。畠中伸敏氏は，IoTについて，次のようなリスクを挙げている。システム監査人は，これらのリスクを認識したうえで監査を実施する必要がある。

- サイバー攻撃（例：航空機の機内ネットワークへの侵入）
- ウィルス感染（例：監視カメラ，ゲートウェイ，ネットワーク機器，太陽光発電システムのウィルス感染）
- 不正利用（例：自動車の鍵を不正に解錠）
- 不正設定（例：ネットワーク設定の変更）
- 情報漏えい（例：ユーザ情報等の漏えい）
- 盗聴（例：カーナビ情報の盗聴）

- DoS攻撃（例：スマートキーに過剰な通信を行い操作できなくする）
- 偽メッセージ（例：タイヤ空気圧監視システムに偽情報を流す）

(3) IoTを対象としたシステム監査

IoTの監査では，IoT機器の接続，AIによるデータ分析，ビッグデータの活用など，IoTだけに焦点を当てて監査するのではなく，幅広いで視点で監査対象を見ることが必要である。例えば，**図表12-5**に示すような事項を確かめるとよい。

◎図表12-5　IoTの監査項目（例）◎

分類	監査項目（例）
方針	・IoTの導入方針が明確になっているか。 ・IoTの適用範囲が明確になっているか。 ・IoTの活用目的が明確か。 ・IoTの効果を事後検証できる仕組みになっているか（費用対効果，目標指標など）。
ハードウェア	・IoTデバイス（センサーの機能（光，温度，加速度等））や性能が適切か（スペック不足やオーバースペックになっていないか）。 ・センサーの信頼性（誤検知を含む）は適切か。 ・センサーの設置環境（温度，湿度，粉塵など）に問題はないか。 ・インターネットとの通信が適切に行われるか。 ・機器やセンサーの設定が適切に行われているか（初期パスワードの変更等）。
収集データ	・IoTデバイスで収集しているデータを把握しているか。 ・個人情報（映像，位置情報など）を収集していないか。 ・IoT機器の設置場所に問題はないか（管理者の承認を得ているか）。
ソフトウェア	・IoTデータの収集・分析システムの要件検討にユーザが参画しているか。 ・アプリケーションシステムとのインターフェースは適切か。 ・データの欠落などに備えたデータチェックを行っているか。
システム開発	・システムテストが適切に行われているか。特に設置環境の条件を踏まえたテストが実施されているか。 ・誤検知が発生した場合の対応策を講じているか。 ・データ量を予測してシステム構築をしているか。

運用・保守	・システムの変更管理手順が定められ，それに従って変更管理が行われているか。 ・センサーの増設，取り換えに備えた対応手順が定められ，それに従って変更管理が行われているか。 ・バッテリーの寿命に備えた対応手順が定められているか。
コンティンジェンシープラン	・IoTシステムのバックアップを考えているか。特にIoTの稼働停止や遅滞に備えた対策を講じているか。 ・データバックアップを取得しているか。 ・マニュアル作業による代替策を検討しているか。

5 生成AIを対象としたシステム監査

　生成AIの利用が急速に拡大しているが，生成AIを対象にした監査は，まだこれからである。しかし，このような新しい技術を業務プロセスに取り込むことになれば，当然のことながら監査の対象とせざるを得なくなる。ここでは，生成AIを対象にした監査では，どのような点を監査しなければならないのかについて，試案を提示することにした（**図表12-6参照**）。

　監査では，生成AIの導入自体が目的になっていないことを確かめる必要がある。生成AIの導入は，業務改善につながるものでなければならないからである。また，生成AIの利用によって，新商品や新サービスの企画に貢献していなければならない。

　生成AIのように，今後も新技術が導入され，それを対象にした監査を実施するように経営者から要請されることがある。システム監査人は，経営者からの指示を待ってからどのように監査を行うのかを検討するのではなく，どのように監査を進めればよいのかを早めに検討しておく必要がある。

◎図表12-6　生成AIを対象とした監査項目（例）◎

分類	監査項目（例）
導入・利用方針	• 生成AIの導入・利用方針が明確になっているか。 • 導入・利用方針は，経営戦略，IT戦略と整合がとれているか。 • 導入・利用方針の策定に際しては，個人情報保護委員会の注意喚起などを参照しているか。 • 導入・利用方針は，組織内に周知されているか。
体制	• 生成AIの推進・管理体制が明確になっているか。 • 生成AIの導入・利用について，全社で一元的に管理する部門が明確になっているか。 • 作成された生成AIシステムについて，管理責任者が明確になっているか。
利用規程の整備	• 生成AIの利用に関する規程やマニュアル等が整備されているか。 • 規程やマニュアルは組織内に周知されているか。 • 必要に応じて研修会等が開催されているか。
生成AIに関するリスク管理	• 生成AIの導入・利用におけるリスク評価を行っているか。 • リスク評価者には，IT部門，利用部門のほかに法務部門を含めているか。 • リスク評価の結果を踏まえて，対応策が検討され，整備・運用されているか。 • リスクには，生成AIのハルシネーション（AIが事実に基づかない情報を生成する現象）を含めているか。
モニタリング	• 生成AIの利用状況をモニタリングしているか。 • 生成AIで作成された成果物の利用状況を把握し，目的外の利用が行われないようにしているか。
ノウハウの蓄積・活用	• プロンプト技術を組織内で共有しているか。 • 蓄積されたプロンプト技術を生成AIの利用促進に活用しているか。
利用環境	• 生成AIを利用する環境が明確になっているか。
個人情報保護及び機密情報保護	• 生成AIに定められた目的以外に個人情報を学習させていないか。 • 生成AIに定められた目的以外に機密情報を学習させていないか。
信頼性・正確性確保	• 生成AIで作成された成果物について，その内容を確認してから業務等で利用しているか。 • 生成AIシステムに内容確認を促す仕組みが組み込まれているか。
目的達成の評価	• 生成AIの導入目的・目標が明確になっているか。 • 導入目的・目的が事後評価されているか。 • 事後評価の結果を踏まえて，必要な改善策が講じられているか。

コラム⑳ 監査品質向上のための変革

　システム監査に限らないが，レベルを維持するためには，現状維持では不十分である。常にシステム監査をよりよくするような改善の取組が必要である。例えば，毎年新しいテーマを考えて監査を実施するとよい。また，他社でどのような取り組みをしているか（例えば，CAATsや生成AIの利用，開発プロジェクトの監査，SNSの監査，アジャイル型監査，サイバー攻撃対策に関する監査，BSC（バランススコアカード）の視点からの監査，成熟度モデルの視点からの監査など），他社に負けないあるいはそれを超えたシステム監査を行うためにはどのようにしたらよいのか，といったように常に変わり続けることが大切である。そのためには，システム監査以外の領域にも積極的に目を向けることが重要である。

第13章 今後の課題

1 システム監査から統合監査へ

(1) ERMとITリスク

　リスクマネジメントは，リスクを分析，評価し，リスクの大きさに応じて，低減，回避，移転，共有，受容などの対応をとり，それが有効に機能しているかどうかをモニタリングして，改善していく仕組み・プロセスだといえる。リスクマネジメントは，リスクの種類ごとに，リスク分析，リスク評価，リスク対策，モニタリング，改善が行われている。リスクは多種多様であることから，企業内でさまざまなリスクマネジメントが構築されることになる。

　これらのリスクは，相互に関連していること（リスクの連鎖）に留意することが重要である。特に，ITは，経営管理，業務管理，業務処理などを幅広く支援し，組織体の事業運営の基盤となっているので，ITリスクは組織体のさまざまなリスクに幅広くかつ深く関連していることを十分に認識しなければならない。

　さらに，リスクが発生した場合に，適時に関係部門に情報が伝達され，必要な対応が迅速かつ円滑に行われるかどうかという課題がある。経営者に対して，発生したリスクを各部署からバラバラに伝達したのでは，経営者自らが全体のリスクを把握し，対応を判断しなければならない。そこで，企業のさまざまなリスクを組織横断的に把握する仕組みやプロセスが必要になる。これが，ERM（Enterprise Risk Management：全社的リスクマネジメント）といわれるものである。

ERMでは，企業活動にかかわるすべてのリスクを対象としており，ITリスクも含まれている。ERMは，ITリスクマネジメント，情報セキュリティマネジメントをバラバラに行うのではなく，多種多様なリスクを一元的に取り扱うものである。

　ITリスクを監査する場合には，ERMの中からITリスクに焦点を当てて監査する方法や，ERM監査の一環としてITリスクマネジメントの適切性を評価することになる。つまり，ERMの監査では，システム監査や情報セキュリティ監査もあわせて実施される。また，当然のことながら，会計，業務，コンプライアンス，環境などの監査もERM監査で実施されることになる。

　しかし，現実には，ERMの監査が実施されている企業は，必ずしも多くはないのが現状である。ERM監査，すなわち，ERMの仕組みやプロセスに焦点を当てた監査では，例えば，次のような視点から監査が行われることになる。

① 　ERMの仕組みやプロセスが構築され，適切に運用されているか。
② 　リスクの分析や評価が適切に行われているか。
③ 　リスク対策（コントロール）がリスクに応じて適切に構築・運用されているか。
④ 　ERMの仕組みやプロセスが改善されているか。

(2) 統合監査とは

　広い意味でのERM監査，すなわち，すべてのリスクを対象にして行う監査は，統合監査（または総合監査）と呼ばれる。多種多様のリスクを対象にするのがERMであり，ERMの適切性を検証・評価するためには，会計監査，業務監査，システム監査，コンプライアンス監査，環境監査などのさまざまな内部監査を，統合して同時に実施，あるいは総合的に実施する統合監査が必要になる。

　今後のシステム監査では，ITリスクがさまざまなリスクと関係していることをふまえて，会計監査，業務監査，システム監査，コンプライアンス監

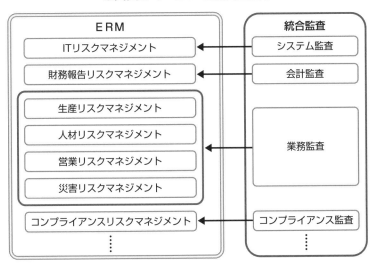

◎図表13-1　ERMと統合監査◎

査，環境監査などの他の内部監査との連携を強化する必要がある。また，外部監査としてシステム監査を実施する場合でも，ITリスクや会計上のリスクだけではなく，他のリスクとの関係を考慮して監査を行うことが重要になる。

　統合監査のイメージは，**図表13-1**に示すように整理できる。個別のリスクマネジメントに対して，情報システム・会計・業務・コンプライアンスなどの監査を別々に実施するのではなく，多様なリスク全体を対象にして各種監査を同時に，かつ連携して実施するのが統合監査である。

（3）統合監査の目的

　監査の統合には，監査業務の効率化と，監査の付加価値の向上という目的がある。

　1つ目は，さまざまな内部監査の統合による監査業務の効率化である。この場合には，ISMS（ISO27001）やプライバシーマーク（JIS Q 15001）などの各種マネジメントシステムの一環として行われている内部監査（本来の内

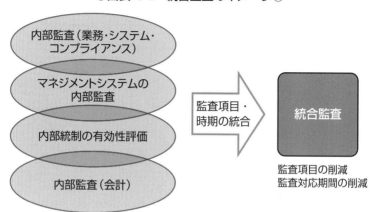

◎図表13-2　統合監査のイメージ◎

部監査とは異なる）と，システム監査を含む各種内部監査を統合することによって，監査業務の効率化を推進するものである。内部監査の統合による効率化は，**図表13-2**に示すようなイメージで行われるものであり，重複する監査項目を整理したり，監査（往査）を同時期に実施したりして，監査業務の効率化を図るものである。監査対象部門にとっても，監査対応にかかわる負荷を低減できるというメリットがある。

　2つ目の目的は，システム監査を，会計監査，業務監査，コンプライアンス監査などと同時に実施することによって，監査対象の部門や業務を多面的に検証・評価し，指摘事項や改善提案の品質を高めるものである。

（4）統合監査におけるシステム監査

　統合監査においては，システム監査担当者は，会計監査や業務監査などの担当者と密接に連携をとることがより一層求められている。監査で発見した情報システムにかかわるリスクやコントロールの不備を会計監査担当者や業務監査担当者に伝達して，会計上あるいは業務上の問題が発生していないかどうかを検証してもらうことが重要である。また，会計監査や業務監査での指摘事項について，その原因が情報システムにあるかどうかを検証するとと

もに，改善提案をより良いものにするために，情報システムの改善など，情報システムを利用したコントロールを整備することによって，改善提案をより有効で，効率的なものにすることができる。

> **コラム㉑ インタビューを行うときのポイント**
>
> 　監査では，インタビュー（質問）が不可欠である。インタビューを行うときには立場の異なるものを対象にする必要がある。例えば，管理者にインタビューしたら担当者にもインタビューする。本社にインタビューしたら事業所にもインタビューするとよい。また，複数の者にインタビューすることも大切である。アプリケーションシステムの管理者・担当者に対しては，複数の管理者・担当者にインタビューするようにするとよい。
>
> 　システム監査人も複数者でインタビューを実施するとよい。これは，「言った，言わない」の防止，システム監査人が適切な態度をとり，わかりやすい質問を行えるようにするためである。また，話しやすい雰囲気になるような場所を選び，システム監査人とインタビュー対象者の座席配置も対面にならないように工夫するとよい。
>
> 　インタビューは，相手の話を聞くことが目的なので，相手の警戒心を解くために，インタビューの最初に世間話をすることも大切である。ただし，その後は，監査目的から外れた質問をしないように（監査人の好奇心で質問しないように）留意する必要がある。また，システム監査人は，管理職など社内で一定の職位の者がなる場合が多い。一方，相手は下位の者や委託先の者であることが少なくない。こうした地位や立場の弱い者に対しては，不要な圧迫感や緊張感を与えないように十分に配慮することが大切である。

2 アジャイル型監査のシステム監査への導入

(1) アジャイル型監査とは

　アジャイル型監査は，システム開発におけるアジャイル開発を監査の世界に導入しようとしたものである。今までの監査は，個別監査実施計画を策定し，それに基づいて，予備調査，監査手続書の作成，監査手続の実施，監査報告を行うという手順で行われる。このような手順で行う監査だと，監査期間中にリスクが変化した場合には，個別監査実施計画の見直しを行い，必要な承認を受けてから監査手続書を修正する必要があるので，柔軟に対応することが難しい。このような監査手法は，ウォーターフォール型監査とも呼ばれるが，監査対象におけるリスクが急激に変化しない場合には，有効であるが，リスクの変化が激しい場合には，対応が難しいという課題がある。

　これに対して，アジャイル型監査と呼ばれる手法が注目を集めている。アジャイル型監査では，2週間から1ヶ月程度のスプリントと呼ばれる期間で，リスク評価，監査手続書の作成，監査の実施，監査報告書の作成という一連の手順を繰り返して行う。つまり，反復型監査ということができる（**図表13-3参照**）。

◎図表13-3　アジャイル型監査のイメージ◎

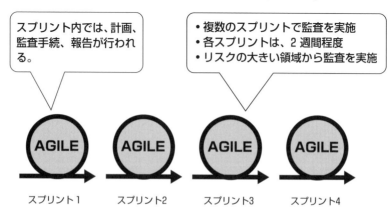

(2) アジャイル型監査の必要性

　DXの進展にともなって，ビジネスが急速に変化し，業務プロセスも急速に変化している。このような状況でシステム監査を適切に実施していくためには，変化に強い，柔軟性のあるシステム監査を実施することが求められることになる（**図表13-4参照**）。

　例えば，DXの推進によって，監査対象業務が変化を続けているような場合には，リスク評価を行い，最も重要なリスクから順番に監査を実施していくアジャイル型監査の手法をシステム監査に導入することが有用だと考えられる。

◎図表13-4　DXとアジャイル型監査◎

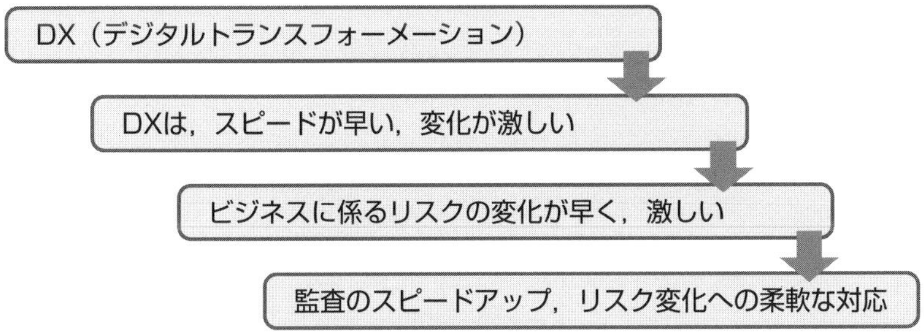

DX（デジタルトランスフォーメーション）

DXは，スピードが早い，変化が激しい

ビジネスに係るリスクの変化が早く，激しい

監査のスピードアップ，リスク変化への柔軟な対応

(3) アジャイル型監査の留意点

　アジャイル型監査は，策定した監査手続書にこだわって監査を実施するのではなく，監査手続書に監査項目（監査手続）を追加してさらに監査を進めたり，監査対象範囲を拡大したり，監査の深度を深めたりして，監査を実施する手法といえる。つまり，「リスクの評価→監査手続書の作成→コントロールの整備評価・運用評価→監査報告」という流れで凝り固まった監査を行う手法ではなく，リスクの状況に応じて，柔軟に監査を行う手法だといえる。

　このような手法で監査を行うと，監査の途中で監査の方向性を見失ってしまう可能性があるので，最初に監査方針を決めて監査を実施する必要がある。

また，終わりのない監査に陥らないようにする必要がある。

3 監査のDX

　DXの推進は，内部監査にも大きな影響を及ぼす（**図表13-5参照**）。DXによって，監査対象領域が大きく変化する。例えば，生成AIを利用した資料作成などが行われると，生成AI特有のリスクが生じるのでそれを低減するためのコントロールが有効に機能しているかどうかを監査することになる。また，顧客のライフスタイルが変化することによって，監査対象業務も大きく変化し，新たなリスクが発生する。例えば，顧客が実店舗ではなくネットショッピングを選択することによって，ネットショッピングの監査の重要性が高まることになる。当然のことながら監査項目も実店舗の場合とは異なることになる。

◎図表13-5　DXが監査に及ぼす影響◎

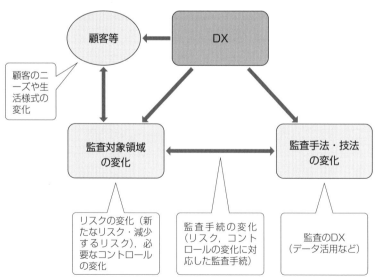

　このような変化に対応するためには，監査手法も変えていく必要がある。つまり，監査のDXが必要になる（**図表13-6**参照）。監査のDXは，デジタル化とトランスフォーメーション（変革）に分けて考えるとよい。監査で入手する証拠資料や監査証跡がデジタル化するので，証拠資料や監査証拠の入手過程を明確にしておかなければならない。また，システム監査担当チームがテレワークで業務を遂行したり，リモートで監査を行ったりといったデジタル化が進むことになる。

　一方，変革という視点では，準拠性監査から経営監査，信頼されるアドバイザーへと変化することが求められているし，未来志向の監査，データ分析の発展による全数監査へと変革していく必要がある。業務やビジネスの目的を考えて，それを推進するためにデジタル技術が貢献しているかどうかといった視点から監査することも重要である。こうした考え方は，洞察力や先見性を発揮した監査の実現にもつながることになる。

　システム監査人は，チャレンジ精神をもって監査を変革し続けるように取り組んでいく必要がある。

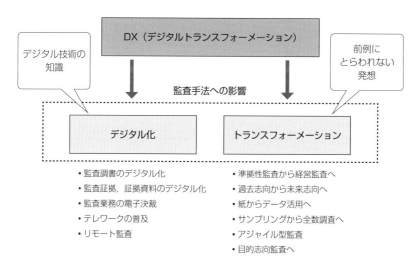

◎図表13-6　監査のDX◎

4 監査でのAI活用

（1）AI活用の重要性

　AIを監査対象として捉えるだけではなく，監査におけるAIの活用という視点も必要になる。企業内に存在するさまざまなデータをAIによって分析することが求められており，当然のことながらその中に内部監査も含まれる。

　監査におけるITの活用については，第7章でCAATsについて説明したが，それをさらに発展させたものがAI活用監査といえよう。AI活用監査は，コンピュータを利用した監査，あるいは監査業務のコンピュータ支援と考えれば，CAATsとの発展形ととらえてもよい。しかし，従来のCAATsにおいては，データ抽出条件を監査人が設定したり，監査対象部門や業務の状況を勘案したりしながら抽出条件を変更するなどの作業が必要であったが，AIでは疑義のあるデータをコンピュータが学習して監査対象のデータを抽出できるようになる。その結果，監査業務が効率化され，監査対象範囲を拡大したり，今まで発見できなかったデータを発見したりすることが可能になる。

　しかし，AIを用いた監査では，疑義があるかないかの判断をAIが行うようになるので，監査人の判断の一部あるいは大部分をAIに依存することになる。したがって，AIによる判断に誤りがあった場合には，監査責任の帰属がどのようになるのかという問題が生じる可能性がある。システム監査人は，監査判断において，AIに依拠するリスク（監査リスク）を十分に認識したうえで，AIを監査に導入する必要がある。

　AIで注目されている手法として機械学習がある。機械学習の方法としては，教師あり学習，教師なし学習，強化学習などがある。教師あり学習は，AIに入力データと正解を与える手法であり，教師なし学習は，入力データを与えるだけの手法である。強化学習では，判断結果によって与えられる"報酬"が，より高くなるように学習していく手法である。また，機械学習を発展させた手法に深層学習（ディープラーニング）がある。

(2) データの重要性

　監査業務にAIを活用するためには，分析対象とするデータが重要になる。分析対象のデータが適切でなければ，分析自体の信頼性が揺らいでしまうからである。監査業務で利用するデータとしては，例えば，次のようなものが考えられる。

- 販売データ
- 仕訳データ
- 支払データ
- 購買データ
- 在庫データ
- 業務システムへのアクセスログ
- 各種サーバへのアクセスログ
- ネットワークへのログイン，ログオフの記録
- 入退館，入退出システムのログ

　この他に電子メールの送受信ログも分析の対象となるが，プライバシーの視点から配慮が必要になる。

コラム㉒　リスクに対する感覚を磨くこと

　大学の講義で学生に工業簿記を教えたときに「原価差額」（標準原価や予定原価などと実際原価との差額）という言葉がでてきた。学生は気付かないが，システム監査人からみると不正リスクの存在に気付くはずである。原価差額が通常よりも大きい場合には，「なぜか？」という疑問がわかなければならない。また，社員数や業務内容と比べて，切手，収入印紙，新幹線回数券などを多額に購入している場合にも「何かあるのではないか？」と疑問をもつことが大切である。システム監査人は，日頃から不正リスクに対する感覚を磨くとよい。

(3) 分析手法の問題

　機械学習のうち，教師あり学習を採用する場合には，教師データをどのよ

うに設定するのかが課題になる。例えば，何が適切な販売データあるいは仕訳データなのかを，監査人が考えて設定する必要がある。監査人の今までの経験に基づいて教師データを作成したり，指摘の少ない部門・事業所のデータを活用して教師データを作成したりする方法が考えられる。このような場合には，不適切なデータを除外する等の対応が必要になる。なお，教師データの作成業務を請け負う企業もあるので，その利用を検討してもよいが，監査では機微な情報を取扱うことが少なくないので，注意が必要である。

　また，強化学習では，分析結果に対する報酬を設定する必要があるが，どのようなデータが監査上，重要なのかを考える必要がある。例えば，夜間・休日等のアクセスデータについて報酬を高く設定することになる。また，高額の修繕費や納品が年度末に近い取引データも報酬が高くなると考えられる。しかし，将棋などで用いられるような報酬付けを監査で行うためには，まだ時間がかかりそうである。

（4）AI活用監査の将来

　監査におけるAIの本格的な導入は，これからであり，大手監査法人などでは，対応が可能であるが，内部監査部門での導入は難しいと考えられる。ここでは，どのようなことに適用できるか，その方向性について述べる。AIは，内部監査で利用する場面としては，例えば，次のようなものが考えられる。

- 通常の支払データや仕訳データを学習させ，通常と異なる支払データや仕訳データを抽出する。
- 計上科目と部署の関係を学習させ，通常と異なるパターンの仕訳の発生を発見する。
- 各システムのアクセス状況を学習させ，通常と異なるアクセスが発生した時に当該アクセスを抽出する。

　AIや前述のCAATsの監査での利用が普及すると，内部監査部門は，監査対象部門や業務を常時モニタリングすることができるので，年度監査計画に

おいて往復対象部門や業務をあらかじめ決めておかずに，疑義のある取引やアクセスを発見した時に往査するというような監査に変えることが可能になる。

　AIの監査での活用は，今後監査業務に対して大きな影響を及ぼすので，システム監査人は，AIの動向に注目することが重要である。

（5）生成AIの利用可能性

　生成AIを内部監査で導入しようというアイディアはあるもののまだ検討段階だといえる。監査手続書，監査調書，監査報告書といった機密情報を保護するという課題を解決しなければならないこと，学習しているデータが最新のものとは限らない（組織改正によって存在しない組織や改編された組織の存在，社内規程や業務マニュアルの改訂など）ので，情報の正確性や最新性の確保という課題も解決しなければならないからである。

　生成AIがどのようなキーワードを使って検索しているのか，どのようなWebサイトを参照しているのかがわかる生成AIの場合には，その内容を参照しながら妥当性を検証することが可能である。従来は，Webサイトを検索して，検索結果を調べることによって理解を深め，監査スキルの向上につなげてきた。しかし，生成AIを利用することによって，キーワードの設定にこだわらなくてもよくなったこと，検索した結果を取りまとめて表示されること，参照Webサイトが示されていることなどにより，内容の妥当性をチェックしやすい。

　一方，限界としては，内部監査に関する基本的知識（例えば，外部監査と内部監査の違い）を理解しておかなければ，外部監査に関するWebサイトの知識を鵜呑みにしてしまって，誤った判断を行う可能性がある。つまり，生成AIを利用して内部監査人の育成につなげるためには，内部監査に関する基本的な概念を理解することが前提となる。

　企業の社内情報を生成AIに学習させて利用する場合には，機密保護やコスト負担を考えた上で企業ごとに判断する必要がある。また，最新の情報が

含まれていない点にも留意する必要がある。

　生成AIの利用では，いわゆるプロンプターの育成が重要であるが，生成
AIを内部監査人の育成に活用するためには，監査向けのプロンプターが必
要だと考えられる。そのためには，生成AIを利用しながら内部監査につい
て検証するなどの内部監査の専門家による検証が重要になる。

　このような点を踏まえて生成AIを活用すれば，内部監査の向上に寄与す
るといえよう。

コラム㉓　デジタルフォレンジックス

　情報通信技術の進展にともなって，情報通信技術に関連する紛争や訴訟が増
えていることから，デジタルフォレンジックス（Digital Forensics）が重要に
なっている。デジタルフォレンジックスは「インシデント・レスポンスや法的
紛争・訴訟に対し，電磁的記録の証拠保全及び調査・分析を行うとともに，電
磁的記録の改ざん・毀損等についての分析・情報収集等を行う一連の科学的調
査手法・技術」（特定非営利活動法人デジタル・フォレンジック研究会編，辻井
重男監修，萩原栄幸編集責任『デジタル・フォレンジック事典』日科技連出版社，
2006年）と定義される。

　内部監査では，情報システムの利用が適切に行われているかどうかを検証・
評価するためのログ保全・解析ツールが役立つと考えられる。また，個人情報
や機密情報が漏えいした場合に，その漏えいルートを調査するために証拠保全
用ツールも役立つ。

　デジタルフォレンジックス用のツールは，高度の技術が必要な場合があり，
システム監査人としては，自分自身でデジタルフォレンジックスのツールを利
用する必要はない。デジタルフォレンジックスで何ができるのかを理解し，必
要な外部専門家に委託すること，分析するまでにどのようなことに留意しなけ
ればならないのかを理解し，実行できるようにしておくとよい。

5　システム監査の品質評価

(1) 品質評価の必要性

　監査品質の管理は，近年，その重要性がますます高まっている。外部監査においては，品質管理が厳しく問われており，監査法人内での品質評価や日本公認会計士協会による品質評価などが行われている。

　内部監査人協会（IIA）は，「内部監査の専門職的実施の国際基準」において，「内部監査部門長は，内部監査部門を取り巻くすべての要素を網羅する，品質のアシュアランスと改善のプログラムを作成し維持しなければならない」（1300-品質のアシュアランスと改善のプログラム，IIA『専門職的実施の国際フレームワーク―2017年版―』一般社団法人日本内部監査協会訳，2017年，p.53）として，**図表13-7**に示すように内部評価と外部評価の２つをあげている。

　内部監査として実施されるシステム監査では，IIAの『新内部監査の品質評価マニュアル』（一般社団法人日本内部監査協会訳，2015年）に基づいて品質評価が行われることになる。しかし，システム監査に関する項目をまとめて示していない。

　そこで，改訂前のマニュアル（IIA, *QUALITY ASSESSMENT MANU-*

◎図表13-7　IIAの「品質のアシュアランスと改善のプログラムの要件」◎

1311―内部評価
　内部評価には，以下の項目を含めなければならない。
• 内部監査部門の業務遂行についての継続的モニタリング
• 内部監査部門による定期的自己評価，または内部監査の実務について十分な知識を有する組織体内の内部監査部門以外の者による定期的評価

1312―外部評価
　外部評価は，組織体外の適格にしてかつ独立した評価実施者または評価チームによって，最低でも５年に１度は実施されなければならない。内部監査部門長は取締役会と以下の点について話し合わなければならない。
• 外部評価の形式と頻度
• 潜在的な利害の衝突を含めた，外部の評価実施者または評価チームの適格性と独立性

出所：IIA，（一社）日本内部監査協会訳『専門職的実施の国際フレームワーク―2017年版―』一般社団法人日本内部監査協会，2017年，pp.53-54。

AL FOR THE INTERNAL AUDIT ACTIVITY『内部監査の品質評価マニュアル［新訂第6版］』（社）日本内部監査協会，2011年）のうちの「ツール15　情報技術」でシステム監査にかかわる評価項目が定められているので，これを参照するとわかりやすい（**図表13-8**参照）。

　「システム監査基準」では，システム監査基準をシステム監査業務の品質を確保し，有効かつ効率的な監査を実現するためのシステム監査人の行為規範と位置付けている。また，「システム監査の実施に際し，システム監査に対するニーズを十分に把握した上でシステム監査業務を行い，<u>システム監査の品質</u>が確保されるための体制を整備・運用しなければならない。」（基準3，下線は筆者）とし，品質管理の必要性を明確にしている。

　システム監査の品質評価については，システム監査基準，システム管理基準などの基準に従って監査が実施されているかどうかを評価すればよい。品質評価の基準としては，このほかにFISC（公益財団法人金融情報システム

◎図表13-8　改訂前の品質評価マニュアルのツール15の概要◎

項目	内容
目標	以下の主要な領域において，情報システム監査のプロセス／活動をレビューすることである。 • 範囲とガバナンス • 組織とスタッフィング • 計画策定とリスク評価 • 監査のカバレッジ • 監査計画上の考慮 • データ分析におけるコンピュータ支援技法（CAATs）活用の評価
レビュー対象領域	A．組織とガバナンス
	B．組織およびスタッフィング
	C．計画の策定およびリスク評価
	D．監査のカバー範囲
	E．年次の監査の計画
	F．コンピュータ支援技法（CAATs）を用いたITパワーの活用
	G．情報システム監査プロセスにかかわるその他のコメント

出所：IIA『内部監査の品質評価マニュアル［新訂第6版］』（社）日本内部監査協会，2011年，pp.247-251に基づいて作成。

センター）のシステム監査基準や，ISACAのIT監査および保証業務基準などがある。業種や自社の状況に応じて，該当する基準を用いればよい。

(2) システム監査の品質評価の進め方

　システム監査の品質評価は，内部監査で実施する場合には，IIAの基準に従って行うことになる。わが国でも，IIAの品質評価を日本の特性をふまえて実施するための「内部監査品質評価ガイド」（2013年４月１日），および「内部監査の品質評価マニュアル2017年版」（2019年２月28日）に公表されている。内部監査として行うシステム監査の品質評価は，このガイドに基づいて実施することになる。

　しかし，このガイドやIIAの品質評価マニュアルでは，システム監査の具体的な項目について詳細に触れていないので，例えば，次のように評価を行うとよい。

① 　システム監査人の行為は，システム監査基準を遵守しているか。
② 　システム監査の手順は，システム監査基準を遵守しているか。
③ 　監査報告の手順や方法は，システム監査基準を遵守しているか。
④ 　監査項目は，システム管理基準に定めた項目が含まれているか。含まれていない場合には，合理的な理由があるか。
⑤ 　監査項目の選択が，監査目的に合っているか。例えば，システム開発の場合には，それに対応するシステム管理基準の管理項目が含まれているか。

(3) 品質評価の限界

　システム監査の品質は，システム監査プロセスの品質と，システム監査の成果物である監査報告書（監査結果）の品質に整理できる（**図表13-9参照**）。システム監査プロセスの品質評価は，主としてIIAの国際基準や，日本内部監査協会の内部監査基準への準拠性が評価される。つまり，国際基準や内部監査基準で定められた手順に従って監査が実施され，内部監査の専門職としての注意が払われて監査が実施されているかどうかを評価する。

　経営者や内部監査部門長は，基準に従って適切なシステム監査が行われる

ことを，内部監査の前提として内部監査人に求めているが，基準に従って内部監査を実施するだけでは必ずしも満足しない。彼らは，経営改善や業務改善に役立つような監査報告を求めているからである。監査対象部門の担当役員や部門長も同様である。「重箱の隅を楊枝で穿る」ような監査が嫌われるのは，経営者が経営改善や業務改善に役立つ監査報告を求めていることの表れではないだろうか。

　システム監査の品質評価には，監査報告，すなわち，指摘事項や改善提案の品質に関する評価も重要だといえよう。経営者から「改善提案に従って経営改善や業務改善を行った結果，顧客からの評価も良く，業務も効率的に遂行できるようになった」，「今まで気づかなかったリスクが指摘されたので，他社ではマスコミなどで大きく取り上げられている問題が，当社ではすでに解決しているので安心した。大事に至る前に改善できてよかった」という評価を受けるような監査報告が求められている。つまり，経営の役に立つ監査報告になっているかどうかということである。

　内部監査の品質評価は，普及しつつあるが，システム監査の品質評価を実施できる人材は必ずしも多くはない。システム監査の今後の課題として，システム監査の品質評価を，内部監査の一環として組み込まなければならないことをシステム監査人は認識しておくべきである。

◎図表13-9　内部監査の品質評価のイメージ◎

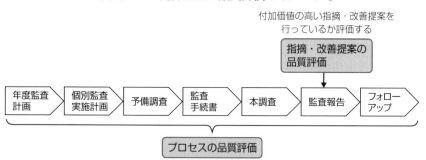

付録1　システム監査手続書（例）

監査項目	監査手続 ^(注)	監査証拠（例）
ITガバナンス		
取締役会・監査役会	・ITに係る情報が取締役会，監査役会に正確・適時に報告されているか提出資料等をレビューして確かめる。 ・取締役会，監査役会は，ITに係る事項を検討，モニターしているか議事録等をレビューして確かめる。	取締役会・監査役会の議事録 取締役会・監査役会への提出資料
IT部門とのコミュニケーション	・IT部門と定期的なコミュニケーションを図っているか。	IT部門とのコミュニケーションに係る資料
計画・体制		
IT戦略	・企業グループ全体のIT戦略が策定されているか，IT戦略資料をレビューして確かめる。 ・IT戦略は，経営戦略と整合がとれているか，IT戦略資料と経営戦略資料を突合して確かめる。	IT戦略資料 経営戦略資料
体制	・IT戦略やIT計画に適合したIT推進体制になっているか，IT戦略資料，IT計画と組織図をレビューして確かめる。 ・ITに関する担当部署・責任者が明確になっているか，組織図，業務分掌，業務分担表で確かめる。 ・IT担当者が複数いるか，業務分担表などをレビューして確かめる。 ・担当者の出張・病欠時などの対応が明確になっているかインタビューで確かめる。 ・職務の分離（開発と運用等）が図られているか，組織図をレビューして確かめる。	IT戦略資料 組織図，業務分掌，業務分担表
規程・マニュアルの整備	・ITに関する規程やマニュアルが整備されているか，規程やマニュアルをレビューして確かめる。 ・ITに関する規程やマニュアルは，定期的に見直されているか，変更履歴・内容等を確かめる。	システム開発規程，運用規程
IT計画の策定	・ITに関する計画が策定されているか，事業計画，IT計画などをレビューして確かめる。 ・IT計画と事業計画の整合性，システムのリプレイスなどの考慮についても確かめる。	事業計画，IT計画
情報セキュリティ	・情報セキュリティポリシーが策定されているか，その内容が情報セキュリティに関する各種ガイドラインなどと照らし合わせて適切か，ポリシーや規程等をレビューして確かめる。 ・情報セキュリティの体制が整備されているか，体制図等をレビューして確かめる。 ・情報セキュリティ教育を実施しているか，教育計画，教育の実施記録などをレビューして確かめる。	情報セキュリティポリシー，規程，体制図，教育計画，教育の実施記録

個人情報保護	・プライバシーポリシーが策定されているか，その内容が個人情報保護法やガイドラインに照らし合わせて適切か，ポリシーや個人情報保護規程等をレビューして確かめる。 ・個人情報保護の体制が整備されているか確かめる。 ・個人情報保護教育を実施しているか，教育計画，教育の実施記録などをレビューして確かめる。	プライバシーポリシー，個人情報保護規程，体制図，教育計画，教育の実施記録
コスト管理	・ITにかかわるコストを把握しているか，予算管理資料や経理資料などをレビューして確かめる。 ・ITコストの低減を推進しているか，予算管理資料のレビューと，関係者へのインタビューによって確かめる。	予算管理資料，経理資料
システム開発		
開発計画の承認	・システム開発を行う場合には，開発計画を策定し権限者の承認を受けているか，開発計画書，稟議書などをレビューして確かめる。	開発計画書，稟議書
開発計画の妥当性	・開発計画書をレビューして，システム化の目的，機能，システム化範囲，スケジュール，開発体制，システム化効果，開発費，運用費などが記載されているか確かめる。 ・システム開発にかかわるリスクを評価し対応を講じているか確かめる。	開発計画書
プロジェクト管理	・プロジェクト体制，責任・権限などが明確になっているか，開発計画書などをレビューして確かめる。 ・進捗管理が適切に行われているか，プロジェクト管理表，WBS・EVMに関する資料などをレビューして確かめる。 ・リスク管理や課題管理が適切に行われているか，リスク管理や課題管理表をレビューして確かめる。 ・仕様変更が適切に行われているか，仕様変更依頼書などをレビューして確かめる。	プロジェクト体制図，プロジェクト管理表，WBS・EVMに関する資料，リスク管理表，課題管理表，仕様変更依頼書
開発計画の変更	・システム開発計画を変更している場合には，その理由，影響範囲の検討，費用対効果の見直し，権限者の承認などが適切に行われているか，開発計画書，稟議書などをレビューして確かめる。	開発計画書，稟議書
システムテスト／ユーザ受入テスト	・テスト計画書およびテスト報告書，テスト記録などをレビューして，システムテストの範囲・内容・方法，バグの修正などの適切性を確かめる。 ・セキュリティテスト（脆弱性検査，負荷（ストレス）テスト等）が行われているか，テスト計画書およびテスト報告書などをレビューして確かめる。 ・プログラムのバグや発見された脆弱性について，類似のものがないか確かめているか，テスト報告書をレビューして確かめる。 ・ユーザが参画しているか確かめる。	テスト計画書，テスト報告書，テスト記録

移行	・移行計画書が策定されているか，移行計画書をレビューして確かめる。 ・移行計画書に従って移行リハーサルが行われ，問題点を解決しているか，移行リハーサル計画書および移行リハーサル完了報告書などをレビューして確かめる。 ・移行判定基準が策定され，それに従って移行判定が行われているか，移行判定資料などをレビューして確かめる。 ・稼働判定基準が策定され，それに従って稼働判定が行われているか，稼働判定資料などをレビューして確かめる。	移行計画書，移行完了報告書，移行リハーサル計画書・完了報告書，移行判定会議資料，稼働判定資料
検収	・システム機能を確認したうえで，受入検収を行っているか（外部委託先への支払検収を含む）。 ・UAT（ユーザ受入テスト）の結果をレビューして，ユーザが承認しているか確かめる。	検収資料，UAT資料
情報セキュリティ	・セキュリティ要件が検討され，システム機能に組み込まれているか，システム化計画書，設計資料などをレビューして確かめる。 ・開発と運用の職務の分離が行われているか，プロジェクト体制図をレビューして確かめる。 ・情報セキュリティ検査（脆弱性検査，負荷テスト等）が行われ不備を改善しているか，検査計画・検査結果・改善報告書などをレビューして確かめる。	システム化計画書，設計資料，プロジェクト体制図 情報セキュリティ検査計画・検査結果・改善報告書
開発環境	・開発作業がどこで行われているかインタビューや関連資料で把握し，開発環境におけるセキュリティ確保，作業管理の適切性などを確かめる。 ・開発場所は，必ず視察して，状況を確かめる。	建物図面，外部委託先のパンフレット
完了報告	・システム開発完了報告を適切かつ適時に行っているか，完了報告書をレビューして確かめる。 ・開発計画書と完了報告書の整合がとれているか確かめる。	システム開発完了報告，開発計画書
コンティンジェンシープラン	・移行や稼働の失敗に備えて，コンティンジェンシープランが策定されているか確かめる。 ・コンティンジェンシープランは，関係者が参画して策定されているか議事録をレビューして確かめる。 ・クラウドサービスや第三者サービスの利用に支障が生じた場合の対策を定めているか，コンティンジェンシープランのレビューや関係者へのインタビューによって確かめる。	コンティンジェンシープラン，議事録
システム運用・保守		
システム運用手続	・システム運用に関する規程やマニュアルをレビューして，システム運用に関する手続が明確になっているか確かめる。 ・システム運用に関する権限や責任が明確になっているか，システム運用規程・マニュアルをレビューして確かめる。	システム運用規程・マニュアル，外部委託先との契約書

	• システム運用の一部またはすべてを外部委託している場合には，外部委託先との役割・責任・権限などが明確になっているか，システム運用規程・マニュアル，外部委託先との契約書をレビューして確かめる。 • バラバラな運用手続が行われていないか，システム運用規程・マニュアルをレビューして確かめる。 • SLA契約が締結され，それに基づいた管理が行われているか確かめる。	
システム運用管理	• システム運用計画表，実績管理表などをレビューして，システム運用が計画的に実施されているか確かめる。 • ヒューマンエラーを防止するための自動化が行われているか確かめる。 • システムによって異なる運用管理が行われていないか，システム運用計画表などをレビューして確かめる。	システム運用計画表，実績管理表
例外処理	• 例外処理に関する手続が明確になっているか，規程やマニュアルをレビューして確かめる。 • 例外処理依頼書や報告書をレビューし規程どおりに実施されているか確かめる。	例外処理規程・マニュアル，例外処理依頼書・報告書
障害管理	• 障害管理に関する手続が明確になっているか，規程やマニュアルをレビューして確かめる。 • 障害対応報告書をレビューし，規程が遵守されているか，再発防止が行われているか確かめる。 • 障害報告が適時に行われているか，障害対応報告書をレビューして確かめる。 • 障害について原因究明と再発防止策が講じられているか，障害対応報告書などをレビューして確かめる。 • 障害報告書をレビューして，同様の障害が再発していないか確かめる。	障害管理規程・マニュアル，障害対応報告書
システム保守	• 保守計画，保守記録，保守契約などをレビューして，システム保守（ハード，ソフト）が適切に行われているか確かめる。 • テストが適切に行われているか，保守計画および保守記録などをレビューして確かめる。	保守計画，保守記録，保守契約
情報機器・媒体管理	• 情報機器管理台帳のレビューや情報資産管理ツールを使用して，情報機器（サーバ，パソコン，通信機器など）が適切に行われているか確かめる。 • 定期的な現品チェック，故障機器・老朽機器・不要機器の処分などが行われているか確かめる。台帳と現品の照合を行い，一致しているか確かめる。 • 媒体の管理が適切に行われている媒体管理台帳のレビューや管理状況を視察して確かめる。 • 媒体管理規程をレビューして媒体の利用制限が行われているか確かめる。	媒体管理規程，情報機器管理台帳，情報資産管理ツール，媒体管理台帳

変更管理	・ソフトウェア変更管理規程および変更記録などをレビューして，変更管理が規程に従って実施されているか確かめる。 ・データ変更管理規程および変更記録などをレビューして，変更管理が規程に従って実施されているか確かめる。 ・業務分担表および変更記録などをレビューして，保守担当者と運用担当者の職務の分離が行われているか確かめる。 ・ソフトウェア変更記録やテスト実施記録などをレビューして，ソフトウェア変更時の事前テスト，事後確認が行われているか確かめる。 ・データ変更記録をレビューして，変更前後の確認が行われているか確かめる。	ソフトウェア変更管理規程，データ変更管理規程，変更記録，業務分担表
コンテンツ管理	・ホームページのコンテンツについて，変更管理が適切に行われているか，コンテンツ変更依頼書・報告書などをレビューして確かめる。 ・ホームページに古いコンテンツが残らないように定期的なチェックをしているか，担当者へのインタビューなどによって確かめる。 ・コンテンツマネジメントシステムの導入状況をレビューして，コンテンツのリンク切れ，コンテンツ管理の効率化などを図っているか確かめる。	コンテンツ変更依頼書・報告書
ソフトウェア管理	・ソフトウェア管理台帳のレビューや情報資産管理ツールを使用して，ライセンス管理，バージョン管理などが適切に行われているか確かめる。 ・不要なライセンスや不適切なライセンス使用がないか，ソフトウェア管理台帳などをレビューして確かめる。	ソフトウェア管理台帳
バックアップ	・データおよびソフトウェアのバックアップが定期的に取得され，復元できるか確かめる。（イベントログのチェックを含む） ・設置場所の適切性（施錠管理，災害対策等）も確かめる。 ・バックアップ用の媒体が遠隔地に適切に保管されているか，担当者へのインタビューおよび視察などによって確かめる。	バックアップ管理表，イベントログ
情報セキュリティ	・セキュリティテスト（脆弱性検査等）が定期的に実施されているか，セキュリティテスト報告書をレビューして確かめる。 ・発見された不備が適時・適切に改善されているか，改善報告書などをレビューして確かめる。 ・ログの分析が行われ，疑義のあるアクセスについて，その内容をチェックしているか，ログ分析資料などをレビューして確かめる。 ・ウィルス対策ソフトが導入され，検知・除去状況を常時チェックしているか，セキュリティ報告書などをレビューして確かめる。 ・不正アクセス対策が構築され，不正アクセスの状況を常時モニタリングしているか，また，必要な対応を講じているか，セキュリティ報告書をレビューして確かめる。	セキュリティテスト報告書，改善報告書，セキュリティ報告書，不正アクセス対策に関する資料，ウィルス対策資料，暗号化資料，セキュリティ製品に関する資料

	• 暗号化対策が講じられているか，担当者へのインタビューや暗号化に関する資料などをレビューして確かめる。 • インタビューや関連資料のレビューによってIPS，IDSなどのセキュリティツールが導入されているか確かめる。	
システムの利用	• 情報セキュリティポリシーや業務マニュアルなどに従って情報システムが利用されているか，ユーザへのインタビューおよび視察を行って確かめる。 • ファイルのパスワード保護，サーバの暗号化などが実施されているか，サーバのファイルや設計書を確かめる。 • メールの誤送信を防止するための取組が適切に行われているか，規程やマニュアルなどのレビュー，担当者へのインタビューなどによって確かめる。 • タブレット端末やモバイルパソコンの利用について，責任者および担当者へのインタビューによって確かめる。 • SNSの利用制限・禁止が適切に行われているか，責任者や担当者へのインタビューによって確かめる。	情報セキュリティポリシー，業務マニュアル
事業継続計画		
事業継続計画	• 事業継続計画やコンティンジェンシープラン（緊急時対応計画）をレビューして，情報システムに関する災害対策の適切性を確かめる。 • IT業務と他の業務との関係を考慮して業務継続計画を策定しているか。 • 事業継続計画に外部委託先を含めているか，事業継続計画やコンティンジェンシープランなどをレビューして確かめる。	事業継続計画，コンティンジェンシープラン
災害対策	• 火災，地震，水害，破壊，テロなどのリスクへの対応策が策定されているか確かめる。 • 災害対策に外部委託先を含めているか，事業継続計画やコンティンジェンシープランなどをレビューして確かめる。	事業継続計画，コンティンジェンシープラン
教育訓練	• 教育，訓練が実施されているか確かめる。データやシステムの復元訓練の実施状況を確かめる。 • 外部委託先を含めて教育訓練を行っているか，教育計画や実施記録などをレビューして確かめる。 • 訓練で明らかになった問題点を改善しているか，改善記録のレビューや担当者へのインタビューによって確かめる。 • シナリオをレビューして，シナリオを毎回変更しているか確かめる。	教育計画・実施記録
エスカレーションルール	• エスカレーションルール（報告ルート，報告基準）が決まっているか，連絡体制図や手順書などをレビューして確かめる。	連絡体制図や手順書

外部委託管理／第三者サービス

外部委託先の選定	・外部委託先の選定状況のインタビューや関係資料のレビューによって，選定が適正に行われているか確かめる。 ・選定時の評価項目が，適切かどうか確かめる（財務状況，社会的信用，技術力，組織力，品質，納期など）。 ・選定資料をレビューして，ISMSやプライバシーマークなどの取得状況を選定時に評価しているか確かめる。	外部委託先の選定資料，稟議書
外部委託契約	・外部委託契約をレビューして，責任，守秘義務，業務内容，委託料，知的財産権の帰属，損害賠償，従業員の監督・指導，再委託，解約などについて，明確に定められているか確かめる。 ・SLA（サービスレベル合意書）が締結され，ITサービスの内容・水準が明確にされているか確かめる。	外部委託契約，SLA
外部委託のモニタリング	・インタビューおよび，チェック記録や検収資料などをレビューして外部委託策の業務の遂行状況（SLAを含む）を定期的にチェックしているか，確かめる。 ・成果物の受入資料をレビューして，受入作業が適切に行われているか確かめる。	委託先業務のチェック記録，受入資料
外部委託先の評価	・外部委託先に対する評価（サービスの品質，納期の厳守，技術力，提案力，財務状況など）を定期的に行っているか確かめる。 ・評価結果を業務改善や以後の取引に活かしているか，インタビューや関連資料のレビューによって確かめる。	外部委託先に対する評価資料
委託先変更への対応	・委託先の方針変更などによって業務委託を継続できなくなった場合，委託先の倒産，委託料の大幅な値上げ，品質の低下などによって，委託先を変更しなければならなくなった場合に備えて，対応策を検討しているか，インタビューや関係資料をレビューして確かめる。	委託先変更対策資料
クラウドサービス	・クラウドサービスの導入方針のレビューや関係者へのインタビューによって，導入方針が明確になっているか確かめる。 ・クラウドサービスの選定資料をレビューして，選定が適切に行われているか確かめる。 ・クラウドサービスの利用状況に関する資料のレビューや関係者へのインタビューによって，利用に問題がないか確かめる。	クラウドサービス導入方針，選定資料，クラウドサービス利用状況資料

第三者サービス	• 第三者サービスの導入方針のレビューや関係者へのインタビューによって，導入方針が明確になっているか確かめる。 • 第三者サービスの選定資料をレビューして，選定が適切に行われているか確かめる。 • 第三者サービスの運用状況をモニターして安定稼働を図っているか，運用報告書のレビューや関係者へのインタビューによって確かめる。	第三者サービス導入方針，選定資料，運用報告書
モニタリング		
IT計画のモニタリング	• IT計画の実施状況を定期的にモニタリングしているか，役員会資料，予算管理資料，報告資料などをレビューして確かめる。 • 計画の遅れ，予算超過などに対して，適切な対応を行っているか，インタビューや関連資料のレビューで確かめる。 • システム開発の導入後の評価（システム化目的の達成状況，システム化効果，開発費，運用費など）を行っているか，開発完了報告書などをレビューして確かめる。	役員会資料，予算管理資料，報告資料，開発完了報告書
体制や規程等の見直し	• IT体制やITに関する規程，マニュアルなどの定期的な見直しを実施しているか，規程やマニュアルの改訂日や改訂内容をチェックして確かめる。	体制図，ITに関する規程，マニュアル

注：実際の監査手続書には，何月分の資料なのか，インタビュー対象者は誰なのかなどを具体的に記載する。

付録2 「システム監査基準」の「システム監査の基準」の概要

［1］システム監査の属性に係る基準

【基準1】 システム監査に係る権限と責任等の明確化	システム監査を実施する意義，目的，対象範囲，並びに監査人及びシステム監査を行う組織の権限と責任は，文書化された規程等により定められていなければならない。
【基準2】 専門的能力の保持と向上	適切な教育・研修と実務経験を通じて，システム監査に必要な知識，技能及びその他の能力を保持し，その向上に努めなければならない。 また，組織体のシステム監査を行う組織の長は，効果的かつ効率的なシステム監査に必要な知識，技能及びその他の能力を，システム監査を行う組織が総体として備えているか，又は備えるようにしなければならない。
【基準3】 システム監査に対するニーズの把握と品質の確保	システム監査の実施に際し，システム監査に対するニーズを十分に把握した上でシステム監査業務を行い，システム監査の品質が確保されるための体制を整備・運用しなければならない。
【基準4】 監査の独立性と客観性の保持	システム監査は，監査人によって誠実かつ，客観的に行われなければならない。さらに，監査人が監査対象の領域又は活動から，独立かつ客観的な立場で監査が実施されているという外観にも十分に配慮されなければならない。
【基準5】 監査の能力及び正当な注意と秘密の保持	システム監査は，専門的能力の維持・向上を図るとともに，監査業務において正当な注意を払って実施する監査人によって行わなければならない。また，監査人は秘密の保持をしなければならない。

［2］システム監査の実施に係る基準

【基準6】 監査計画の策定	システム監査を効果的かつ効率的に実施するために，適切な監査計画が策定されなければならない。 監査計画は，主としてリスク・アプローチに基づいて策定する。監査計画は，リスク等の状況の変化に応じて適時適切に見直し，変更されなければならない。
【基準7】 監査計画の種類	監査計画は，原則として中長期計画，年度計画，及び個別監査計画に分けて策定されなければならない。
【基準8】 監査証拠の入手と評価	適切かつ慎重に監査手続を実施し，監査の結論を裏付けるための監査証拠を入手しなければならない。
【基準9】 監査調書の作成と保管	監査の結論に至った過程を明らかにし，監査の結論を支える合理的な根拠とするために，監査調書を作成し，適切に保管しなければならない。
【基準10】 監査の結論の形成	監査報告に先立って，監査調書の内容を詳細に検討し，合理的な根拠に基づき，監査の結論を導かなければならない。

[3] システム監査の報告に係る基準	
【基準11】 **監査報告書の作成と報告**	監査報告書は，監査の目的に応じた適切な形式で作成され，監査の依頼者や適切な関係者に報告されなければならない。
【基準12】 **改善提案（及び改善計画）のフォローアップ**	監査報告書に改善提案が記載されている場合，適切な措置が，適時に講じられているかどうかを確認するために，改善計画及びその実施状況に関する情報を収集し，改善状況をモニタリングしなければならない。監査報告書に改善計画が記載されている場合も同様にその実施状況をモニタリングしなければならない。

付録3 「システム管理基準」の概要（前文を除く。管理項目のみ）

I.ITガバナンス編	
I.1 ITガバナンスの実践	ステークホルダーのニーズに基づき，組織体の価値及び組織体への信頼度を向上させるために，組織体におけるITシステムの利活用のあるべき姿を示すIT戦略を策定し，組織体のITに関するパフォーマンスを含めたITガバナンスの状況を確認して必要な是正措置を指示することによって，組織体の目標を達成する。
I.1.1 経営戦略とビジネスモデルの確認	組織体の目的（パーパス）を実現するためのビジネスモデルと，それを実現するための経営戦略を支援するためのIT戦略ビジョンを策定する。 なお，ビジネスモデルとは，組織体が，顧客や社会に価値を提供し，持続的に価値を向上させていくビジネスの仕組みのことをいう。
I.1.2 IT戦略の策定	組織体におけるITシステムの利活用のあるべき姿を示すIT戦略を策定し，それに基づいてITマネジメントの責任者に指示する。
I.1.3 効果的なITパフォーマンスの確認と是正	組織体のITパフォーマンスが，取締役会等の意図や期待，倫理的行動，コンプライアンス上の義務を満足していることを確認するために，ITパフォーマンスの状況を適時確認して，必要な是正措置を指示する。
I.1.4 実行責任及び説明責任の明確化	組織体全体及びステークホルダーに対する実行責任及び説明責任は取締役会等が有しており，これらの責任を果たすために，取締役会等は主体的に責任をもって行動する。
I.2 ITガバナンス実践に必要な要件	ITガバナンスの実践により，優れた成果を挙げるためには，ITガバナンス活動を支えるための，ステークホルダーへの対応，取締役会等のリーダーシップ，データ利活用と意思決定，リスクの評価と対応，社会的責任と持続性等の要件を整える必要がある。
I.2.1 ステークホルダーへの対応	ステークホルダーのニーズを考慮したITガバナンスを実践するために，ステークホルダーと良好な関係を構築する。
I.2.2 取締役会等のリーダーシップ	組織体の変革や倫理規範の遵守のために，取締役会等が率先して倫理的な行動を実践するとともに，効果的な指導を通じてリーダーシップを発揮する。
I.2.3 データ利活用と意思決定	データが，意思決定のための価値のある経営資源であることを組織体に認識させるために，データ利活用に関する方針等を策定し，周知する。
I.2.4 リスクの評価と対応	組織体の目的及びIT戦略の目標を達成するために，達成に及ぼす影響についてリスクを評価し，対応を行う。

Ⅰ.2.5 社会的責任と持続性		組織体が存続し，長期に成果を挙げ続けるために，ITシステムの利活用に関する組織体の意思決定の透明性を確保し，より広範な社会的期待に応え，現在及び将来のステークホルダーのニーズを満足させるように組織体のデジタル活用能力を維持・向上させる。

Ⅱ.ITマネジメント編

Ⅱ.1 推進・管理体制		経営戦略及びIT戦略で定められた目標を達成するために，組織体全体を対象とした推進・管理体制を整備・運用する。
	Ⅱ.1.1 体制と機能	経営戦略及びIT戦略で定められた目標を達成するために，ITシステムの利活用に関するコントロールを実行し，その結果としてのパフォーマンス，コスト，リスク管理，コンプライアンス管理，社会的責任と持続性等の状況を経営者に報告するための体制を整備・運用する。
	Ⅱ.1.2 システムライフサイクルモデル管理	IT戦略に従って，目標に適合した手順と方法で情報システムを構築，運用するためのシステムライフサイクルモデルを作成，適用するとともに，そのモデルを評価し改善する。
	Ⅱ.1.3 ITアーキテクチャ管理	組織体の情報システム全体の整合性を保って，情報システムを構築・運用するために必要なITアーキテクチャを定め，IT基盤を利用可能にする。
	Ⅱ.1.4 資源配分管理	経営資源を有効に活用するために，プロジェクトに優先順位を付けて資源配分を行う。
	Ⅱ.1.5 品質管理体制	利用者が満足する製品やサービスを提供するために，最適な品質管理体制を整備・運用する。
	Ⅱ.1.6 知識資産管理	個別に得た知識，技能を基に，組織体として知識資産を蓄積し有効利用するために，知識資産を再利用可能な状態で管理する。
Ⅱ.2 プロジェクト管理		経営戦略及びIT戦略で定められた目標を達成するために必要なプロジェクト管理の仕組みを整備し，個別プロジェクトに適用することによりプロジェクトを実行する。
	Ⅱ.2.1 プロジェクト計画の策定と承認	プロジェクト目標を確実に達成するために，効果的・効率的で実行可能なプロジェクト計画を策定し，権限者の承認を得るとともに，プロジェクトの関係者と情報共有する。
	Ⅱ.2.2 プロジェクトの実行と管理	プロジェクト計画に基づいて，プロジェクトの品質，納期，予算を守りながら，プロジェクトを実行する。また，プロジェクト進捗状況をモニタリングし，プロジェクトを確実に遂行する。
	Ⅱ.2.3 プロジェクト意思決定管理	組織体にとって最も有益なプロジェクトを選択するために，プロジェクトの開始，中止，変更，続行の意思決定を管理する。

Ⅱ.2.4 プロジェクトリスク管理	プロジェクトの円滑な遂行のために,プロジェクトリスクを継続的に評価して必要な対応を行う。
Ⅱ.2.5 調達管理	プロジェクトの要求内容を満足する製品・サービスを取得するための調達手続を明確にし,それに基づいて調達を実施する。 なお,外部委託を行う場合は「Ⅱ.2.6 外部委託管理」を,クラウドサービスを含む外部サービスを利用する場合は「Ⅱ.8 外部サービス管理」の項を参照のこと。
Ⅱ.2.6 外部委託管理	プロジェクトの要求内容を満たす外部委託業務の提供を受けるために,外部委託管理手続を明確にし,それに基づいて外部委託を実施する。
Ⅱ.2.7 構成管理・変更管理	プロジェクトの手戻りや中断を最小限に抑えるために,情報システムの構成要素(ハードウェア,ソフトウェア,ネットワーク,外部サービス,施設・区域,公開ドメイン等)の変更について,構成要素間の整合性を確保するとともに,変更履歴を管理する。
Ⅱ.2.8 情報管理	プロジェクトの関係者が必要とするタイミングで必要な情報を利用できるように,管理対象の情報を維持管理する。
Ⅱ.2.9 ドキュメント管理	プロジェクト全般でドキュメントを円滑に利用可能にするために,管理対象とするドキュメントを明確にして,整備・維持管理する。
Ⅱ.2.10 プロジェクトの生産性等の測定	ITガバナンス及び情報システムの開発・運用・保守の将来に役立てるため,生産性,ユーザ満足度,リスク管理等に関する客観的なデータ及び情報を収集・分析し,関係者に報告する。
Ⅱ.2.11 情報システムの品質保証	情報システムに求められる品質を確保するために,定められた品質管理手順に従って品質を管理し,プロジェクトにおける情報システムの品質を保証する。
Ⅱ.3企画プロセス	経営戦略及びIT戦略で定められた目標を達成するために必要な情報システムの開発体制を整備し,ビジネスモデル及び業務要件を明確にして,設計作業を行う。
Ⅱ.3.1 ビジネス分析	利用部門等及びIT部門が連携して,利用者の立場からビジネス分析を実施して,あるべきビジネスモデルを設定する。ビジネス分析の結果明らかになった問題を解決し,分析結果を有益に生かすことができるような,システムソリューション(業務要件を満たすためのシステム導入による解決策)を選定する。
Ⅱ.3.2 業務要件定義	あるべきビジネスモデル及び業務プロセスを踏まえて選定したシステムソリューションを実現し,利用者及び関係者の要求を満足するシステムを提供できるように,業務要件を明確にする。
Ⅱ.3.3 システム要件定義	業務要件を満たすために必要となる技術的な検討事項を明確にする。

Ⅱ.3.4 基本設計	システム要件を満たすために必要なシステムアーキテクチャを決定し，具体化する。
Ⅱ.3.5 詳細設計	基本設計に基づいた実装を可能にするために，情報システムの構成要素を具体化する。
Ⅱ.3.6 実現可能性及び効果の分析	システムライフサイクル全体を判断するための根拠情報とするために，概念実証（PoC），技術実証（PoT）の他，各種の分析を実施する。
Ⅱ.4 開発プロセス	利用者及び関係者の要望に沿った情報システムを実現するために，情報システムの構成要素の開発作業を行い，稼動後評価及び報告を行う。
Ⅱ.4.1 実装	設計に沿った情報システムを実現するために，全ての情報システムの構成要素を導入し，必要な設定を実施する。
Ⅱ.4.2 統合	システム要件及びシステムアーキテクチャを満たす情報システムを実現するために，情報システムの全ての構成要素を段階的に組み立て，利用可能にする。
Ⅱ.4.3 検証	情報システム及び情報システムの全ての構成要素が，システム要件を適切に反映していることを確認するために，中間成果物も含めてレビューする。
Ⅱ.4.4 ユーザ受入テスト	業務要件を情報システムに適切に反映していることを確認するために，利用者の立場からテストする。
Ⅱ.4.5 本番環境への移行	利用者が情報システムを利用できるようにするために，情報システムを本番環境で稼動させる。
Ⅱ.4.6 稼動後評価と報告	情報システムがIT戦略における目標を達成していることを確認するために，客観的な情報を提供する。
Ⅱ.5 運用プロセス	組織体の方針及び要求事項に沿ったサービスを提供するために，情報システムの運用体制を整備して運用を実施し，その監視，検証及び報告を行う。
Ⅱ.5.1 運用体制の整備	運用に必要なリソースを提供できるようにするために，情報システムの運用管理の方針及び体制を整備する。
Ⅱ.5.2 運用計画	運用管理の方針及び運用設計に基づいて運用するための運用計画を策定する。
Ⅱ.5.3 運用の実施	情報システムを安定稼動させるために，運用計画に従って，品質を確保した運用を実施する。
Ⅱ.5.4 運用における構成管理・変更管理	情報システムを正常かつ効率的に稼動させ，構成要素間の整合性と全ての変更を適切に管理するために，プロジェクトで定めた構成管理・変更管理手続を実施する。

Ⅱ.5.5 インシデント管理・問題管理	利用部門と合意した目標内でインシデントを解決し，根本原因を特定して恒久的な対策を講じるために，インシデント管理及び問題管理の手順を定めて体系的に管理する。	
Ⅱ.5.6 サービスレベル管理	サービスの品質を維持向上するために，適切な管理指標を設定してサービスの提供を管理する。	
Ⅱ.5.7 運用の監視と記録	情報システムで発生した問題を把握し，対応が適時・適切に行われていることを確認するために，運用状況を監視して記録し，分析する。	
Ⅱ.5.8 運用の評価と報告	組織体の方針及び要求事項に従って運用が実施されていることを検証するために，運用の実績を評価し，報告する。	
Ⅱ.6 保守プロセス	利用者の業務活動を支援する情報システムの能力・機能を維持するために，保守体制を整備し，保守依頼に応じた保守計画を策定して，それに基づいて保守作業を実施し，その検証，本番環境への適用，記録及び報告を行う。	
Ⅱ.6.1 保守体制の整備	情報システムの性能・機能を維持するために，保守に関する方針，手順を定め，保守体制を整備する。	
Ⅱ.6.2 保守計画	保守依頼を満足する保守作業を実施するために，保守依頼の内容と整合した保守計画を策定する。	
Ⅱ.6.3 保守作業の実施	保守依頼を満足する保守を確実に実施するために，保守計画に従って保守作業を実施し，実施状況を管理する。	
Ⅱ.6.4 保守作業の検証	保守作業の実施結果が保守依頼の要件を満足しているかを確認するために，保守計画に従って実施結果を検証する。	
Ⅱ.6.5 本番環境への適用	情報システムの性能・機能を維持するために，保守作業の実施によって，本番環境の情報システムの構成要素に対する変更を実施する。	
Ⅱ.6.6 実施結果の記録と報告	情報システムの性能・機能を維持するために，保守作業の実施結果を記録し，報告する。	
Ⅱ.7. 廃棄プロセス	組織体の方針及び廃棄に関する要求事項に従って情報システムの利用を適切に終了するために，不要になった情報システムの構成要素を適切に廃棄する。	
Ⅱ.7.1 廃棄計画	組織体の方針及び廃棄に関する要求事項に従って，不要となった情報システムの利用を適切に終了するために，廃棄計画を策定する。	
Ⅱ.7.2 廃棄の実施	不要となった情報システムの利用を適切に終了するために，廃棄計画に従って情報システムの構成要素を適切に廃棄する。	

Ⅱ.7.3 廃棄結果の検証	廃棄計画に従って，不要となった情報システムの構成要素が適切に廃棄されていることを検証する。	
Ⅱ.8. 外部サービス管理	IT戦略に基づいて外部サービス（クラウドサービスを含む）を利用するために，外部サービスの利用計画を策定し，外部サービス提供者を選定，契約，管理及び評価する。	
Ⅱ.8.1 外部サービス利用計画の策定	IT戦略に基づいて外部サービスを利用するために，外部サービスの利用対象及び内容を明確にした外部サービス利用計画を策定する。	
Ⅱ.8.2 外部サービスの選定と契約	外部サービス選定基準を策定して，外部サービス利用計画に従った外部サービス提供者を選定し，契約を締結する。	
Ⅱ.8.3 外部サービスの運用管理	外部サービスの提供が契約どおりに履行されていることを管理するために，外部サービスの提供状況を適切に管理し，不整合や不具合が発生した場合は，外部サービス提供者に対して適時・適切な対応を要求する。	
Ⅱ.8.4 外部サービスの評価	IT戦略に基づいて外部サービスが利用されていることを評価するために，定期的及び契約終了時に外部サービスを評価し，報告する。	
Ⅱ.8.5 サービスレベル管理	提供される外部サービスの品質を確保するために，サービスレベル合意（SLA）を締結し，外部サービスの品質を評価し，問題が発生した場合には適切な対処を行うように外部サービス提供者に要請する。	
Ⅱ.9. 事業継続管理	組織体のITシステムの利活用に関する事業継続の方針に基づいて，情報システムの業務継続を実現するために，情報システムの業務継続計画を策定し，訓練，検証，報告及び改善を行う。	
Ⅱ.9.1 リスクアセスメント	情報システムに影響を与える重大事故，サイバー攻撃，災害，テロ等に対する対応策を具体化するため，影響範囲，業務の重要性及び緊急性を明確にし，復旧優先度を設定する。その際には，必要に応じて，地政学的要因やサプライチェーンに関連する要因についても考慮する。	
Ⅱ.9.2 業務継続計画の策定	重大事故，災害等の発生時に，適切な措置を迅速，円滑かつ確実に実行するために，情報システムの業務継続計画を策定する。	
Ⅱ.9.3 業務継続計画の管理	業務継続計画で定めた復旧目標を実現するために，情報システムのバックアップ及び代替処理を含む復旧手続及び体制の実現可能性を確保する。	
Ⅱ.9.4 訓練，演習及びテストの実施	事業継続計画に基づいた情報システムの業務継続計画を最新の状態にして実効性を高めるために，定期的に訓練を実施し，実現可能性を検証する。	

Ⅱ.9.5 業務継続計画の評価及び見直し	情報システムの業務継続計画を適切かつ有効なものとするために，定期的（業務継続計画の発動時を含む）に業務継続計画の評価，見直し及び改善を行う。
Ⅱ.10 人的資源管理	組織体の人的資源に関する方針に基づいて，ITに関する人的資源を管理し，ITに関する組織の能力を維持向上させる。
Ⅱ.10.1 人的資源管理計画	ITシステムの利活用を適切に行うために，人的資源管理計画を策定，運用する。
Ⅱ.10.2 責任と権限の管理	ITに関する業務を適正かつ効率的に行うために，要員の責任及び権限を定める。
Ⅱ.10.3 業務遂行の管理	ITに関する業務が，各種計画に基づいて遂行され，作業品質を確保するために，要員の作業分担及び作業量を管理する。
Ⅱ.10.4 教育・訓練の管理	必要なITに関する人材を確保するために，ITに関する人的資源管理計画及び教育カリキュラムに基づいて，要員の教育・訓練を管理する。
Ⅱ.10.5 健康管理	ITに関する業務の特性を踏まえて，一般的な要員の身体面及び精神面での健康を維持できる作業環境を整備する。
Ⅱ.10.6 要員のワーク・エンゲージメント向上	ITに関する業務を適切に実施するために，これらの業務に対する要員のワーク・エンゲージメント（業務に対する前向きで活動的な心理状態）を向上させるための取組を行う。

参考文献

- AI原則の実践の在り方に関する検討会「AI原則実践のためのガバナンス・ガイドライン　Ver.1.1」2022年1月28日。
- AIネットワーク社会推進会議「報告書2017—AIネットワーク化に関する国際的な議論の推進に向けて」2017年7月28日。
- AIネットワーク社会推進会議「AI・データの利用に関する契約ガイドライン利活用ガイドライン」2018年6月。
- AIネットワーク社会推進会議「AI利活用ガイドライン」2019年8月9日。
- AIネットワーク社会推進会議「報告書2019」2019年8月9日。
- IIA，（社）日本内部監査協会訳『内部監査の品質評価マニュアル［新訂第6版］QUALITY ASSESSMENT MANUAL FOR THE INTERNAL AUDIT ACTIVITY』（社）日本内部監査協会，2011年。
- IIA，（一社）日本内部監査協会訳『新内部監査の品質評価マニュアル』，2015年。
- IIA，（一社）日本内部監査協会訳『専門職的実施の国際フレームワーク2017年版』（一社）日本内部監査協会，2017年。
- IIA，堺咲子訳「人工知能—内部監査の専門家が考慮すべきこと」『月刊監査研究』No.53，2018年。
- IoT推進コンソーシアム，総務省，経済産業省「IoTセキュリティガイドラインver.1.0」2016年7月。
- IoT推進コンソーシアム，総務省，経済産業省「カメラ画像利活用ガイドブックver.2.0」2018年3月。
- あずさ監査法人『経営に資する統合的内部監査』東洋経済新報社，2009年。
- 宇佐美博「わが国におけるシステム監査の歴史について」愛知大学情報処理センター，Vol.12, No.2, 2001年。
- 企業会計審議会「財務報告に係る内部統制の評価及び監査の基準並びに財務報告に係る内部統制の評価及び監査に関する実施基準の改訂について（意見書）」2023年4月7日。
- （公財）金融情報システムセンター『金融機関等におけるクラウド利用に関する有識者検討会報告書』，2014年。
- （公財）金融情報システムセンター「金融機関等コンピュータシステムの安全対策基準・解説書（第11版）」2023年5月。
- 金融庁企画市場局「内部統制報告制度に関するQ&A」2023年8月31日改訂。
- 金融庁企画市場局「内部統制報告制度に関する事例集」2023年8月改訂。
- 経済産業省「情報セキュリティ監査基準」2003年。
- 経済産業省「システム管理基準 追補版（財務報告に係るIT統制ガイダンス）」2007年3月30日。

- 経済産業省「クラウドサービスレベルのチェックリスト」2010年8月。
- 経済産業省「情報セキュリティ管理基準（平成28年改正版)」2016年。
- 経済産業省「システム監査基準」2018年4月20日改訂。
- 経済産業省「システム管理基準」2018年4月20日改訂。
- 経済産業省「AI・データの利用に関する契約ガイドライン」2018年6月。
- 経済産業省「システム監査基準」2023年4月26日改訂。
- 経済産業省「システム管理基準」2023年4月26日改訂。
- 経済産業省AI原則の実践の在り方に関する検討会「AI原則実践のためのガバナンス・ガイドライン」2022年1月。
- 経済産業省関東経済産業局『中小ものづくり企業IoT等活用事例集』2017年3月。
- 経済産業省商務情報政策局監修『情報システム監査基準／システム管理基準 解説書』日本情報処理開発協会，2005年。
- 個人情報保護委員会「特定個人情報の適正な取扱いに関するガイドライン（事業者編)」2014年12月11日，2016年1月1日一部改正。
- 個人情報保護委員会「個人情報保護法ガイドライン（通則編)」2016年11月，2017年3月一部改正。
- 個人情報保護委員会「生成AIサービスの利用に関する注意喚起等について」2023年6月2日。
- 島田裕次編著『情報セキュリティ・個人情報保護のための内部監査の実務』日科技連出版社，2005年。
- 島田裕次「内部統制時代の個人情報保護のためのIT統制」『旬刊 経理情報』No.1098，2005年11月。
- 島田裕次「ERM時代のシステム監査」『月刊監査研究』No.377，2006年1月。
- 島田裕次「企業力を高める内部監査〜多面的なアプローチによる改善提言〜」『月刊監査研究』No.441，日本内部監査協会，2010年11月。
- 島田裕次「ビッグデータ利用を対象とした監査に関する研究について」『現代監査』No.25，2015年。
- 島田裕次「AIに係るシステム監査と今後の方向性」日本セキュリティ・マネジメント学会『第31回全国大会予稿集』2017年7月30日。
- 島田裕次「AIを対象としたシステム監査に関する研究」，日本情報経営学会『第75回全国大会予稿集』2017年11月。
- 島田裕次編著『内部監査の実践ガイド』日科技連出版社，2018年。
- 島田裕次『個人情報保護法への企業の対応―リスクマネジメントと事例から見た実務の要点』日科技連出版社，2021年。
- 島田裕次，荒木理映，設楽隆『DX時代の内部監査手法』同文舘出版，2022年。
- 総務省情報通信政策研究所「国際的な議論のためのAI開発ガイドライン案」2017年7月。

- (独)情報処理推進機構『システム監査技術者試験（レベル4）シラバス　Ver.6.1』2023年12月25日。
- (独)情報処理推進機構「ITパスポート試験におけるシラバスの一部改訂について（生成AIに関する項目・用語例の追加など）」2023年8月7日。
- Tim Mather，Subra Kumaraswamy，Shahed Latif著，下道高志監訳，笹井崇司訳『クラウドセキュリティ＆プライバシー─リスクとコンプライアンスに対する企業の視点』オライリー・ジャパン，2010年。
- 通商産業省機械情報産業局監修「システム監査基準解説書」日本情報処理開発協会，1996年
- デジタル時代の人材政策に関する検討会「生成AI時代のDX推進に必要な人材・スキルの考え方」2023年8月。
- (特非)デジタル・フォレンジック研究会編，辻井重雄監修，萩原栄幸編集責任『デジタル・フォレンジック事典』日科技連出版社，2006年。
- (特非)デジタル・フォレンジック研究会「証拠保全ガイドライン　第4版」2015年3月。
- 東京都デジタルサービス局「文章生成AI利活用ガイドライン」2023年6月2日。
- 統合イノベーション戦略推進会議「人間中心のAI社会原則」2019年3月。
- 鳥居壮行「システム監査研究の黎明期」『駿河台大学文化情報学部紀要』15(2)，3-25，2008年12月。
- 日本公認会計士協会「ITの利用の理解並びにITの利用から生じるリスクの識別及び対応に関する監査人の手続に係るQ&A（実務ガイダンス）」（監査基準報告書315 実務ガイダンス第1号，2022年10月13日改正）
- (公社)日本監査役協会『監査役監査基準』2021年10月。
- (特非)日本システム監査人協会，連携団体:システム監査学会，協力団体:(一社)日本内部監査協会，日本公認会計士協会「システム監査基準ガイドライン」2023年8月10日。
- (特非)日本システム監査人協会，連携団体:システム監査学会，協力団体:(一社)日本内部監査協会，日本公認会計士協会「システム管理基準ガイドライン」2023年8月10日。
- (社)日本内部監査協会編，喜入博・島田裕次・角田善弘著『情報システム監査の基礎と実践』同文舘出版，2003年。
- (社)日本内部監査協会「第54回内部監査実施状況調査結果─2009年度（2009年4月～2010年3月）における各社の内部監査テーマ・要点集」2010年10月。
- (一社)日本内部監査協会「内部監査品質評価ガイド」2013年4月。
- (一社)日本内部監査協会『第19回監査総合実態調査（2017年監査白書）集計編』2018年8月。
- (一社)日本内部監査協会「第65回内部監査実施状況調査結果─2020年度（2020年4

月～2021年3月）における各社の内部監査テーマ・要点集」2022年8月。

- （一社）日本内部監査協会「第66回内部監査実施状況調査結果—2021年度（2021年4月～2022年3月）における各社の内部監査テーマ・要点集」2023年7月。
- 畠中伸敏編著，井上博之，佐藤雅明，伊藤重隆，折原秀博，永井庸次『IoT時代のセキュリティと品質—ダークネットの脅威と脆弱性』日科技連出版社，2017年。
- 堀江正之「ITガバナンスの概念的検討—今，なぜITガバナンスか」『月刊監査研究』No.332，2002年9月。
- 堀江正之編著『ITのリスク・統制・監査』（日本監査研究学会リサーチ・シリーズⅦ）同文舘出版，2009年。
- 明治大学品質科学研究所編『経営品質科学の研究』中央経済社，2011年。
- 文部科学省「初等中等教育段階における生成AIの利用に関する暫定的なガイドライン」2023年7月4日。
- 吉野太郎『事業会社のためのリスク管理・ERMの実務ガイド』中央経済社，2012年。
- Crowe Horwath LLP, Warren Chan, Eugene Leung, Heidi Pili, COSO, *ENTERPRISE RISK MANAGEMENT FOR CLOUD COMPUTING*, 2012.
- Institute of Directors in Southern Africa, *The King Report on Corporate Governance*, Southern Africa：Institute of Directors in Southern Africa, 1994. （八田進二・橋本尚・町田祥弘訳『コーポレート・ガバナンス』白桃書房，2001年。）
- ISACA, *ISACA Journal*, Vol.3, 2010.
- ISACA, *COBIT 5 A Business Framework for the Governance and Management of Enterprise IT*, 2012.
- ISACA, *COBIT 5*（日本語版），2012.
- ISACA, *COBIT 5 Implementation*, 2012.
- ISACA, *COBIT 5 Enabling Process*, 2012.
- ISACA, *IT Audit Framework*（*ITAF^{TM}*）*Professional Practices Framework for IT Audit 4th Edition*, 2020.
- ISACA, *AUDITING ARTFICIAL INTELLIGENCE*, 2018.
- ISACA & ISACF, *CobiT 3rd Edition Audit Guidelines*, 2000.
- IT Governance Institute, *Board Briefing on IT Governance*, 2001.
- IT Governance Institute, *Information Security Governance: Guidance for Boards of Directors and Executive Management*, 2001.
- IT Governance Institute, *IT CONTROL OBJECTIVES FOR SARBANES-OXLEY:THE ROLL OF THE DESINGN AND INPLEMENTATION OF INTERNAL CONTROL OVER FINANCIAL REPORTING*, 2004.
- IT Governance Institute, *IT CONTROL OBJECTIVES FOR SARBANES-OXLEY:THE ROLL OF THE DESINGN AND INPLEMENTATION OF IN-*

TERNAL CONTROL OVER FINANCIAL REPORTING 2ND EDITION, 2006.
- IT Governance Institute, *COBIT4.0*, 2005.
- IT Governance Institute, *COBIT4.1*, 2007.
- OECD, OECD Principles of Corporate Governance, 1999.（奥島孝康監修，酒井雷太他訳『OECDのコーポレートガバナンス原則』金融財政事情研究会，2001年。）
- The Committee of Sponsoring Organizations of Treadway Commission（COSO），*Internal Control –Integrated Framework*, 1994.（鳥羽至英・八田進二・高田敏文訳『内部統制の統合的枠組み─理論編─』および『内部統制の統合的枠組み─ツール編─』白桃書房，1996年。）
- The Committee of Sponsoring Organizations of Treadway Commission（COSO），*Enterprise Risk Management-Integrated Framework*, 2004.（八田進二監訳，中央青山監査法人訳『全社的リスクマネジメント　フレームワーク篇』東洋経済新報社，2006年。）

ウェブサイト

IIA
- https://global.theiia.org/standards-guidance/recommended-guidance/practice-guides/Pages/Practice-Guides.aspx
- https://www.theiia.org/en/standards/mission-of-internal-audit/
- https://www.theiia.org/en/standards/what-are-the-standards/recommended-guidance/supplemental-guidance/

ISACA東京支部
- http://www.isaca.gr.jp/index.html

システム監査学会
- https://www.sysaudit.gr.jp/kaisoku/kaisoku.html
- http://www.sysaudit.gr.jp/senmon/index.html

日本ITガバナンス協会
- https://www.itgi.jp/index.php/cobit2019/introduction

日本公認会計士協会
- https://jicpa.or.jp/cpainfo/introduction/keyword/post-87.html

特定非営利活動法人日本システム監査人協会
- https://www.saaj.or.jp/gaiyo/index.html
- https://www.saaj.or.jp/annai/setsuritsu_jigyou.html

一般社団法人日本内部監査協会（IIA-JAPAN）
- http://www.iiajapan.com/iia/index.html
- http://www.iiajapan.com/certifications/InfoSystem/

索　引

【著者紹介】

島田 裕次（しまだ・ゆうじ）
1979年　早稲田大学政治経済学部卒業
1979年　東京ガス株式会社入社
2000年　同社監査部
2008年　大阪工業大学大学院博士後期課程修了
2009年　同社退職。東洋大学総合情報学部教授
2022年　同大学退職。同学工業技術研究所客員研究員。
2023年　システム監査学会会長
情報処理技術者試験試験委員，システム監査技術者（経済産業省）
公認情報システム監査人（CISA），公認内部監査人（CIA），公認情報セキュリティマネージャー（CISM），博士（工学）

《著書》
『DX時代の内部監査手法』（共著，同文舘出版，2022年）
『内部監査の実践ガイド16講でわかる基本と業務別監査』（編著，日科技連出版社，2018年）
『この一冊ですべてわかる情報セキュリティの基本』（日本実業出版社，2017年）
『内部監査入門―企業価値向上に役立つ内部監査』（翔泳社，2008年）
『内部監査人の実務ハンドブック―内部統制システムに役立つ実務手引き』（日本内部監査協会編，共著，日科技連出版社，2007年）
『最新J-SOX法がよ～くわかる本―日本一わかりやすい内部統制の入門書！』（秀和システム，2007年）
『ISO 27001規格要求事項の解説とその実務―情報セキュリティマネジメントの国際認証制度への対応』（共著，日科技連出版社，2006年）
『リスク図による情報セキュリティ監査の実践』（同文舘出版，2006年）
『情報システム監査の基礎と実践』（日本内部監査協会編，共著，同文舘出版，2003年）

2012年9月5日　　初　版　発　行
2015年5月22日　　初版3刷発行
2015年9月10日　　改訂版発行
2018年7月10日　　改訂版5刷発行
2019年1月25日　　第　3　版　発　行
2023年10月15日　　第3版5刷発行
2024年3月20日　　第　4　版　発　行　　　　　　　　《検印省略》
2024年8月20日　　第4版2刷発行　　　　　略称：システム監査実務（4）

　　　　　よくわかるシステム監査の実務解説（第4版）

　　　　　　　　著　者　　島　田　裕　次

　　　　　　　　発行者　　中　島　豊　彦

　　　　　　発行所　同文舘出版株式会社
　　　東京都千代田区神田神保町1-41　　　　〒101-0051
　　　電話　営業(03)3294-1801　　　　　　編集(03)3294-1803
　　　振替 00100-8-42935　　　　　　　　https://www.dobunkan.co.jp

ⒸY. SHIMADA　　　　　　　　　　　　　　製版：一企画
Printed in Japan 2024　　　　　　　　　印刷・製本：三美印刷
　　　　　　　ISBN978-4-495-19784-1